말빨을 살리는 내추럴 스피치

1판 1쇄 발행 | 2018년 2월 15일

지은이 | 박근아
펴낸곳 | 함께북스
펴낸이 | 조완욱

등록번호 | 제1-1115호
주소 | 412-230 경기도 고양시 덕양구 행주내동 735-9
전화 | 031-979-6566~7
팩스 | 031-979-6568
이메일 | harmkke@hanmail.net

ISBN 978-89-7504-684-1 03320

무단 복제와 무단 전재를 금합니다.
잘못된 책은 바꾸어 드립니다.

이 도서의 국립중앙도서관 출판예정도서목록(CIP)은 서지정보유통지원시스템 홈페이지(http://seoji.nl.go.
kr)와 국가자료공동목록시스템(http://www.nl.go.kr/kolisnet)에서 이용하실 수 있습니다.(CIP제어번호:
CIP2017033335)

NO
화자빨?

말빨을 살리는 내추럴 스피치

박근아 지음

함께
BOOKS

'박근아가 권하는 소통의 3원칙' - '호응하라', '드러내라', '터치하라'

상대방의 말에 소리로 호응해주고, 자신의 이야기를 드러내며, 부담을 주지 않는
선에서의 따뜻한 터치로 상대방의 마음을 여는 것이 소통을 잘 이끌어갈 수 있는
기본 베이스라고 볼 수 있다.

이 3원칙을 기본으로 하면서 제일 중요한 것은 "자기 자신과의 소통" 이다. 자신
을 가장 잘 아는 이들이야말로 타인을 배려하고 소중하게 여기며 진정한 소통을
할 수 있다.

말의 전달력을 증폭시키는 스피치의 5짓 — 손짓, 발짓, 눈짓, 목짓, 몸짓

말의 전달력을 더욱 증폭시킬 수 있는 몇 가지 동작들이 있다. 목소리와 말할 내용만으로는 부족하다. 스피치의 5짓이 더해진다면 전달력은 강력해진다.

손짓 : 손을 말의 운율에 따라 부드럽게 움직여줘야 한다.

발짓 : 청중의 시선을 능동적으로 만들어 줄 수 있는 작은 발짓임을 잊지 말자.

눈짓 : 한 사람 한 사람 눈을 맞추듯 지나가 보자.

목짓 : 말하기에 앞서 목을 흔들어 본다. 그러면 저절로 얼굴은 움직인다.

몸짓 : 몸통을 앞으로 살짝 기울여 주면 상대는 '자신에게 관심이 있나?'라는 생각을 한다.

변화의 시작 : 군중 속으로의 당당 워킹

일단 지금의 자세로 무조건 걸어본다.

몇 명이 앞에 있다는 생각을 떨치는 의식 전환을 수차례 반복 후 걷는다.

절대로 보이고 싶지 않은 몹쓸 증상에 짓눌렸던 당신은

'당당 워킹'만으로도 메이크 오버 될 것이다.

첫째,

무조건 걸어보라.

둘째,

내 눈앞엔 가장 편안한 사람을 떠올려서

그 한사람이 앉아 있다고 생각하며 또 한 번 걸어본다.

셋째,

최대한 민망한(?) 제스처들을 하면서 걷는다.

"말에는 답이 없습니다. 계속 말을 하세요.
말 잘하는 사람이 따로 있다고 생각할 수 있지만,
그들도 말을 해 봤기 때문에 잘하는 것입니다.
침묵이 금이 아닌 상황에서는 말하세요."

"어색한 일을 반복하다 보면 익숙해지고,
익숙한 일을 반복하다 보면 능숙하게 됩니다."

지금껏 나는 '내가 행복해지는 방향'으로 움직였다.

이제는 그 행복한 움직임으로 다른 사람 또한 행복한 방향을 향해 걷게 하고 싶다.

'생각성형 전문가', '힐링테이너', '스피치 전문가'

첫 책이 출간된 이후에 내게 붙여진 수식들이다.

난 그저 내가 행복했으면 하는 것에 초점을 맞췄을 뿐이다. 그리고 그 관심사에 대해 실천으로 옮겼을 뿐이다. 그 과정들 하나하나에는 두려움을 내려놓는 용기가 필요했다. 한 번의 용기가 바탕이 되어서 내 안에 거대 탑을 만들어가고 있는 중이다. 이것을 지켜보는 이들은 한결같이 말한다.

"나도 그렇게 하고 싶었다."라고⋯.

＞＞ ＞＞ ＞＞ ＞＞ ＞＞

　간혹 나를 통해 대리만족을 하기도 하며, 실천하는 이들이 생겨났다. 어릴 적 그토록 바라던 희망이 되고 싶은 사람이 되어 가고 있음을 조금씩 느낀다.

　이 중심에는 바로 '내가'로 시작하는 것이 핵심이었다.

　'누구를 위한 삶'에 맞춰진 것이 아닌 '나를 위한 삶'으로….

　지난 삶도, 지금도 난 나에게 집중되어 있다. 그러니 내가 하고 싶은 게, 기뻐하는 게 무엇인지를 알아간다.

　타인의 의식으로 자신을 잃어 가는 이들에게 내 이야기를 들려주고 싶었다. 더불어 16년의 아나운서 생활과 교수를 지내며 알게 된 '진짜 스피치' 팁도 전하고자 한다.

　서점엔 스피치와 관련된 서적들이 많이 나와 있다. 하지만 나는 예전부터 꿈꿨다.

"스피치는 어려운 게 아닌 쉬운 것이며 누구의 언어가 아닌 나의 언어로 자연스럽게 이뤄져야 한다."는 것을 알리고 싶다.

스피치는 테크닉이 먼저가 아닌 마음이 우선해야 한다는 것을 크게 깨닫는다.

그래서 당당하게 삶을 대하는 마음의 자세와 스피치를 바꿔 놓을 수 있는 '말문이 트이는 내추럴 스피치'를 이 책에서 알리고 싶었다.

연기자에게 최고의 찬사는 자연스러운 연기가 아닐까 싶다. 어색함은 불편함을 준다. 하물며 메이크업도 내추럴 메이크업이 보는 이에게 편안하고 세련되어 보인다.

말하기 역시 최고의 경지는 자연스러움이라고 자주 깨닫는다.

스피치를 배우러 왔다가 삶 자체를 바꿔버린 이들을 떠올리면 나의 이런 생

》 》 》 》 》

각은 더욱 확고해진다. 말은 여타의 기술을 배우는 다른 실습과는 확연히 차이가 있다. 마음에서 오는 것이 말이기 때문이다. 말문을 트지 못하고 살았다면 마음의 준비가 아직이기 때문일지도 모른다.

첫 책이 나온 이후 독자들로부터 많은 메일을 받았다. 비슷한 질문들이 대부분이었다. 주고받은 내용들을 그저 묵히기 아까워서 이 또한 글의 일부로 공유하고 싶다.

'오롯이 나'에서 출발한다면 지금보다 좋아질 수 있다는 것을,
박근아의 이야기에서 '삶도, 스피치도 메이크 오버' 되길 바라본다.

contens

1장
왜 소통이 아닌 고통인가

2장

말문이 트이는 내추럴 스피치

5장

부족할 때
타인의 장점에서 배워라

6장
꿈이
또 다른 꿈을 낳는다

왜 소통이 아닌
고통인가

[1]
가정,
하나의 조직으로 인식했을 때 해결

CEO는 한 명이어야 하는데, 무늬만 한 명이고 너도나도 CEO가 되려고 할 때 잡음이 일기 마련이다. 사람이 모이는 곳이면 어디든 어떤 형태로든 리더는 존재하게 된다.

엄연히 가정 내에도 CEO는 존재한다. 인원의 구성으로 봤을 땐 회사와는 비교할 수 없을 정도로 작은 규모다. 하지만 복수의 인적구성이 형성된 조직이라는 것은 명확한 사실이다.

내게 이런 생각의 양념을 뿌려 준 지인이 있었다. 평소 서로의 생각을 공유하며 잘 통한다는 느낌을 갖게 한 사람이다.

"주부야말로 완벽한 CEO 시스템을 갖췄다."라는 그의 말 한마디가 나의 관찰 레이더망을 더욱 깊이 있게 작동시켰다.

주부는 모든 통솔 지휘권을 갖고 남편과 자식에게 끊임없는 지시를 내린다. 이를 어길 시엔 징계를 내리기도 한다. 밥을 안 준다거나, 용돈을 주지 않는다거나, 빨래를 안 해준다거나 등등의 체벌들이 내려진다.

주부의 역할이 이런 CEO 시스템을 갖췄다는 것을 아는 가정이 얼마나 될까? 이런 전반적인 시스템을 인정해주는 가정은 다소 평안하다. 인정해주고 받아들여 주는 과정이 가정을 원활하게 이끌 수 있게 만드는 것이다.

하지만 이것을 인정하려 하지 않고 맞서는 이가 있다면 그때부터는 갈등이다. 맞서는 이는 내내 주부가 하는 말들은 온통 잔소리로 간주한다. 옳은 말인 줄은 알지만, 자신도 잘할 수 있는데 그것을 지시하니깐 잔소리로 듣게 된다. 그래서 거기에 반기를 들곤 한다.

주부는 살림을 총책임져야 하기에 의도치 않게 통솔 지휘권을 갖게 된다. 그런데 이러한 권력(?)을 지속적으로 박탈시키려는 이가 등장하면 그땐 주부의 마음이 흔들린다. 그 자리를 내놓고도 싶어진다. 그러나 해왔던 일이 그렇게 쉽게 내줄 수 있는 자리겠는가. 그렇게 갈등하게 하고 마음을 흔들어 놓는 이들은 시어머니, 시아버지, 남편이 될 수도 있다.

가정 내 갈등이 심한 곳을 보면 입장정리가 모호함에서 오는 경우가 많다. 조직원이 CEO의 역할에 지속적으로 태클을 걸면서 직원이 CEO에게 잔소리를 한다면 그 조직은 어떻게 될까? 아마 CEO이라는 자리를 내놓고 싶을 것이다.

바로 이런 모습이 가정에서는 비일비재하다. 그런데 가정이라는 이유만으로 큰 문제가 아닐 것이라고 여기지만 정말 큰 문제 중 하나다. 내가 볼 적엔 수많은 조직 중 가정은 조직원 상호 간에 사랑으로 이루어진 가장 기본적인 최고의 조직이기 때문이다. 조직은 하나인데, 리더가 둘이라면 분명 갈등국면으로 갈 수밖에 없다. 해결의 실마리가 보이지 않는다.

회사원인 남편은 퇴근하고 들어와 집안에서라도 조직의 CEO처럼 대우받고 싶은데, 들어와 보니 역시나 직원 대우다.

남편들에게는 집안에 '가장'이라는 감투 속에 오묘하게 정리되지 않은 CEO 심리가 있다. 정작 가정에서 일의 업무로 봐서는 여성인 주부가 가정 내 CEO인 것이 틀림없는데 그것을 인정해 주지 않기 때문에 갈등은 끊이질 않는다.

또한 시부모님과 함께 사는 가정도 마찬가지다. 그곳은 CEO가 더 많다. 아버님과 어머님이 서로 리더이고자 하고, 그 사이에 있는 며느리 역시 당신들의 말에 순종해야만 하는 일개 조직원으로 대하는 모호한 관계도가 형성된다.

특히 맞벌이 부부일 경우는 그 심각성이 더 하다. 여성이 돈 벌며 집안 살림 하는데 거기다 인정도 안 해준다면 이보다 더 슬픈 역할이 어디 있겠는가?

무슨 말만 하려고 하면 "하려고 했다. 잔소리 그만 해라."라는 소리가 메아리처럼 오는 경우도 허다하다. 집안일을 하는 것보다 더 힘든 것은 말로 상처받는 것이다. 그 말 한마디가 모든 것을 내려놓고 싶게 만든다. 남편 역시 말로 상처 줄 수밖에 없는 것은 '자신도 많이 하고 있는데…'라는 전제가 있다. 또한 집안에서까지 시킴을 당하는 게 몹시 싫을 것이다. '한 가정의 가장인데…. 나를 무시해?라는 심리도 작용한다. 하지만 이러지도 저러지도 못하는 조직이 또 가정이다.

서로의 자리를 인정해준다면 훨씬 평화로운 가정이 될 것이다.
지금 겪고 있는 사소한 갈등들은 생각보다 쉽게 정리될 수 있다.

더불어서 조금 더 비유하자면, 어떤 조직이든 CEO는 직원이 주인의식을 갖고 일해주길 바란다. 모든 CEO들은 직원 스스로가 마치 자신의 회사인양 무한한 애사심을 갖기를 바랄 것이다.

이런 바람은 집안일을 도맡아 하는 주부도 마찬가지다. 가족들이 주인의식을 갖고 집안일을 하길 바란다. 자기 집인데 주인의식을 갖는 것은 당연하다 여긴다.

예를 들어 주부는 남편이 설거지를 '해주는 것'이 아니라 '하는 것'으로 생각하길 바란다. 그러나 남편들은 늘 '해주는 것'으로 여긴다. 그래서 집안일을 할 때는 '해줬다'로 표현한다. 거기서 오는 생각 자체가 주부에겐 못마땅할 때가 많다. 함께 만들어가는 공간인데 "아니 왜? 해준다."라고 생각하는지가 의문인 것이다. 제발 투철한 주인의식으로 임해준다면 얼마나 좋을까를 푸념하게 된다.

회사보다 가정이 더 불안한 이유는 애매모호한 입장정리 때문이다. 그 안에서는 가장이라는 타이틀은 차지하고 있지만 즉, 무늬는 CEO지만 실질적인 CEO는 주부이기 때문이다. 여기서 오는 마찰로 가정은 불안함이 도사린다.

회사는 정확한 입장정리가 되어 있고 체계가 분명해서 쉽게 인정한다. 그러니 조직으로 봤을 때 가정보다 회사는 안정적으로 돌아간다. 물론 회사라고 이러한 시스템을 인정하지 않는 곳이라면 불안하기는 매한가지다.

그래서 가정 내 갈등을 최소화하고 싶다면, 누가 CEO인지를 정확히 파악한 후 인정하는 것이 먼저다. 그러면 시킴을 당했을 때 그것이 잔소리로 들리지 않을 것이다. 왜냐하면 CEO가 지시한 사항이니 받아들이면 단순하다. 잔소리라고 여기며 반기를 들 필요가 없게 되는 것이다.

어떤 조직에서든 기특한 사원, 일등 사원은 주인의식으로 일하는 사람이다. 그러기에 집안에서도 정해진 리더의 일등 조직원이 될 수 있도록 주인의식을 발휘하는 것이 중요한 부분이다. 이 두 가지가 실행된다면 가정 내 불화는 지금보다 현저히 줄일 수 있을 것이다.

부부가 각자 CEO라고 생각한다면 주도권 분쟁이 일어난다. 언제까지 해답 없는 분쟁을 할 것인가? 살림에 가장 현명하고 실력 있는 이에게 그 자리를 정확히 위임하고, 그 외 조직원들은 주인의식으로 잘 따라만 준다면 최고의 가정을 꾸려 나갈 수 있지 않을까.

[2]
가족 언어로 힘들어하는 이들에게…

영화 겨울왕국의 OST '렛잇고(LET IT GO)'가 한때 인기였다. 영화 속 노래를 제법 따라 하는 아이들이 많았다. 가만히 살펴보면 부모들의 영향이 크다. 유행이라는 이유만으로 너도나도 자주 들려주고 보여준다. 그러니 자연스럽게 어려운 노래도 곧잘 따라 한다.

난 아이들은 동요만 부를 거라는 착각이 있었다. 알고 보니 어떤 노래를 얼마나 자주 노출시켜 주느냐의 확률이 더 높다는 것을 알게 됐다. 다소 어렵더라도 지속적으로 들려주면 어느 순간 흥얼거리고 있다. 렛잇고 주제가를, 김창완의 너의 의미 등을 따라 부르는 여섯 살 딸을 보면서 더욱 느낀다.

'어쩜! 아이들이 저 어려운 노래를 좋아하고 잘하지?'라고 흔히 말하곤 한다.

한때 말춤을 추던 싸이의 노래도 마찬가지다. 부모의 흥으로 자주 보여주니 아이들이 절로 흥얼거리는 것을 들을 수 있다.

생각해보니 난 어릴 적 트로트를 곧잘 소화하고 지금도 익숙하다. 그 이유는 엄마의 흥얼거리시던 노래 덕분이다. 간드러지게 노래를 부르는 엄마의 목소리가 마냥 좋았다. 엄마는 동네 콩쿠르 대회에서 상도 받곤 하셨다. 난 그런 엄마의 노랫소리가 귀에 쟁쟁했다. 그래서 어릴 적 틈만 나면 혼자 흥얼거리고 다녔다. 그래서인지 난 지금도 트로트 가락이 더 친근하다.

부모가 사투리를 쓰면 아이들도 사투리를, 부모가 영어를 잘하면 아이들도 영어를 잘할 확률이 높다. 전라도 부모가 경상도에 이사하여 살아도 그 아이들은 경상도보다 전라도 말에 가깝게 사용한다. 부모가 전라도 말을 쓰기 때문이다.

우리는 이렇듯 가족이 전해주는 무언가를 스펀지처럼 흡수한다. 가장 가까이에서 얼마나 자주 사용하느냐에 따라 흡수된 습관은 우리 몸 안에서 자연스럽게 춤춘다. 누가 시키지 않아도 몸 안에 숨 쉬고 있다.

그래서 어쩌면 가족 안에서 습득한 모든 것들은 편안하게 느끼기도 한다. 몸의 자세부터 언어까지…. 아침에 눈을 뜨면서부터 자연스럽게 집안에서 뿜어내는 공기를 마신다.

나는 아나운서이지만 스피치를 가르치는 강사이기도 하다. 스피치를 가르치며 많은 사람을 대하다 보니 가족마다 다른 언어문화를 갖고 있다는 것을 알게 됐다. 난 그것을 '가족 언어'라 말하고 싶다. 가장 편하고 친근한 나만의 언어를 떠올려 보면 우리 가족에게서 영향을 받은 것이라는 것을 알 수 있다. 특별히 계산하거나 신경 쓰지 않아도 가정 안에서 사용했던 언어가 툭툭 나온다.

영어를 구사할 땐 머릿속에서 숱하게 문법구조를 떠올리느라 힘들다. 하지만 우리말은 계산하지 않아도 된다. 이와 비슷한 구조로 봤을 때 가족 내에서도 사용하는 언어가 존재한다. 가족 언어는 가장 먼저 생성된 제1의 언어다.

이후에 형성되는 것이 바로 '친구 언어'다. 친구 사이에서 배우고 습득하며 새롭게 탄생되는 언어들이다. 친구들만이 알아듣는 어투며 단어들을 만들어간다. 두 번째로 탄생된 제2의 언어. 이젠 1의 언어와 2의 언어 사이를 넘나들며 사용하기 시작한다.

이 두 가지를 완전히 숨겨야 할 단계가 온다. 그건 바로 '직장 언어'로 제3의 언어다. 면접 보는 순간부터 자신이 쓰지 않던 다소 어색한 언어들을 택해야 한다. 심지어 그 순간을 위해서 새롭게 연습하고 배우기도 한다. 언어들 중 가장 어색하고 힘든 파트일 것이나. 나소 냉소적이기도 하고 빡빡한 언어라서 피하고 싶은 마음이 크다.

태어나서 경험하게 되는 이런 언어들 사이사이로 보이는 언어가 있다. 바로 '연애 언어'다. 이것은 배우지 않아도 본능적으로 나오는 언어가 아닌가 싶다. 가족, 친구, 직장 언어들 사이에서 틈을 비집고 들어간 새로운 제4의 언어 같은 것이다. 그래서 난 '틈새 언어'라고도 지칭한다. 그야말로 틈 사이로 나오는 예상치 않은 언어다. 언제 그런 달콤, 설레는 언어들을 사용했을까 할 정도로 순식간에 스며드는 것이다. 나에게 이런 언어가 있었나 의심할 정도이기도 하다. 상대를 향한 배려와 상냥함이 가득 담겨 있다. 그래서 경청은 물론이요, 소리 내어 호응도 해준다. 예고 없이 가족 언어나 친구 언어가 튀어나올세라 수줍은 듯 조심스럽게 대화를 주고받는다. 솜사탕 같은 연애 언어는 자연스럽게 자꾸 만나서 이야기를 나누고 싶게 만든다.

연애 언어는 어느 순간 왜 사라질까?

그건 바로 가족 언어 때문이다. 내 몸 안에 고스란히 숨 쉬는 편안한 가족 언어가 꿈틀댄다. 관계가 아주 편안해졌을 때 특히 발휘된다. 몸의 자세가 편해지면서 이내 연애 언어는 틈새 속으로 숨어 들어간다.

숱한 사람들과 대화해보면 "연애할 때는 이러지 않았는데…. 대화가 안 된다. 말투가 기분 나쁘다." 하며 상대의 말투 때문에 속상해하기도 한다.

연애 언어로만 살아가게 될 줄 알았는데 그건 착각이라는 것을 느끼기 시작한다. 상큼 달콤했던 그 언어가 틈새 속으로 숨어버리는 순간 '가족 언어'가 즉시 다시 복귀한다.

남편은 엄마나 누나를 대하듯, 아내를 대한다. 아내도 아빠나 오빠를 대하듯, 남편을 대한다. 그렇게 몸이 인식하는 순간 모든 신경계가 기억하는 언어로 돌변한다. 직장 언어에 지친 이들이라면 더욱 가족 언어를 갈구한다.

"대체 왜 그러냐?" 물으면 "서로 편한 게 좋은 거 아니냐!"라고 한다. 하지만 그게 어디 그런가. 편함이 가장 불편함으로 위장되기도 한다. 실은 가족 언어가 몸 안에 자연스럽게 숨 쉬고 있어서 편하다고 생각했지만 이게 가장 불편함을 초래할 수도 있다. 그러나 가족 언어의 중요성을 인식하는 가정은 예외다.

연애를 오래하고 결혼을 했어도 싸우지 않고 사랑을 지속해 가는 커플들이 있다. 그들은 공통점이 있다. 가족 언어인지 연애 언어인지 구분이 안 간다는 것이다. 결혼해서까지도 연애 언어를 쓰는 것처럼 보인다.

예를 들어 최수종·하희라 부부, 션·정혜영 부부처럼 결혼 이후에도 여전히 연애하는 듯한 애정과 서로를 향한 애틋한 마음으로 한 때 부부싸움의 원인(?)을 제공하기도 했다.

대부분의 정상적인(?) 커플들이라면 연애 때 하던 언어들은 금세 잊기 마련이다. 그런데 비정상적이라고 생각하면서, '세상에 저런 커플도 있네….' 하며 변한 자신들의 사랑을 변명한다.

실제 내 주변에서도 그런 커플이 종종 보인다. 그들에게 이와 같은 질문을 했다.

"남편의 말투는 어때요? 혹시 연애 때와 흡사한가요?"

"네, 우리 부부는 지금도 연애하는 것 같아요."

그렇다. 가족 언어를 연애 언어처럼 쓰는 사람들이 있다. 굳이 새롭게 만들어 내지 않아도 가장 편한 언어가 이미 연애 언어로 형성된 이들이다.

서로에게 존중을 표하고 배려하는 단어와 말투들….

이것은 누구나 듣고 싶어 하는 언어다. 그래서 연애 때는 환심을 사기 위해서 조심히 꺼내게 되는 언어다. 이렇게 배려와 존중이 담기니 상대가 좋아할 수밖에 없다.

그런데 결혼하고, 생활하면서 본연의 언어로 돌아간다. 이때 가족 언어가 연애 언어처럼 형성된 이들이라면 노력하지 않아도 자연스럽게 섞인다. 연애 언어와 구분할 필요가 없다. 하지만 우리네 주변을 보면 극명하게 구분되어 살아가는 사람들이 훨씬 더 많다. 그리고 그 이유 때문에 많이 아파한다. 서로에게 주는 사소한 말투로 상처받는다. 대화가 단절되기도 한다.

이렇게 우린 가족 언어, 친구 언어, 직장 언어, 연애 언어로 나누며 살아가고 있지는 않은지….

연애 언어를 틈새 언어라 한 것은 틈새 전략이 연상돼서다. 예상치 못한 자신의 비장의 언어로 말이다. 생각해보면, 우리는 모두 그 비장 언어를 한 번쯤은 사용했던 사람들이다. 혹은 앞으로도 사용할 수 있는 능력들이 있다.

그런데 왜 안 하게 되는 것일까?

상대방이 알아서 이해하기를 바라는 마음이 크기 때문이다. 가족이니 이해하라는 것이다.

하지만 그 생각이 더 불편하게 만드는 경우가 많다. 그로 인해서 좋은 일들보다 안 좋은 일들이 속속 불거진다. 내 식의 가족 언어를 사용하고 있기에….

불편하더라도 지금, 연애 언어를 상기시켜 보는 건 어떨까?

아이들은 부모가 하는 대로 억양, 강약, 어투, 단어를 무서울 정도로 잘 따라 한다. 가장 편하다고 사용한 가족 언어가 대물림되지 않길 나는 늘 바라고 있다. 조금만 노력하면 할 수 있는 일들이다. 연애 언어가 틈새처럼 잠시 왔다 사라지는 언어가 안되길 기대해본다.

마음은 그렇지 않은 것을 알면서도 말투 때문에 속상해하는 우리 친정, 시댁 부모님의 언어를 보며 늘 생각했다. 그것을 그대로 편히 물려받아 사용하고 있는 나와 남편의 말투를 되돌아보기를 수차례다. 그러면서 보이기 시작했다. 연애 언어는 가족 언어에서 기초해야 한다는 것을….

그렇게 기분 좋은 연애 언어를 한 때 사용하고, 사라지게 할 것이 아니라 지속적으로 사용할 줄 아는 우리가 됐으면 좋겠다. 그런 바람으로 나는 오늘도 내가 먼저 바뀌려 또 무던히 노력해본다. 쉽지 않은 일인 것도 안다. 뼛속까지 배어 있기에….

하지만 반복적으로 점검하려 하니 어제보단 오늘이 조금씩 좋아지고 있다는 것을 느낀다. 지금의 당신을 아이라고 생각하며 다시 세팅해 보는 거다. '어떤 언어에 자주 노출 시켜 볼까?'를 되뇌이며 연애 언어를 가족 내에서 흥얼거리게 되는 상상을 하자.

[3]
연출된 만남은
소통을 방해한다

학창시절 장학사가 온다 하면 학교가 들썩였다. 정리되어 있어도 더욱더 깨끗하게 해야 한다고 선생님들은 무엇이 그리 두려운지 우리를 독촉했다. 나무로 된 복도에 초를 칠하고 유리병으로 문지르면 파리가 미끄러질 정도로 반짝였다. 수업은 뒷전이고 학교 곳곳을 먼지 털고 정리하느라 분주했다. 처음엔 '선생님들이 왜 그럴까…' 싶었지만, 점점 우린 그렇게 익숙해져 왔다. 그래서 의문도 갖지 않은 채 학교에 누군가 높은 분이 온다 하면 자동으로 움직이기 시작했다. 아주 당연한 움직임으로 받아들여졌다.

성장해보니 비단 학교뿐만 그런 것은 아니었다. 군대에서도, 회사에서도 누군가 높은 분이 온다 하면 그제야 치우느라 정신이 없다. 자리 배치를 새로 하기도 하고, 엉망으로 쌓인 서류정리를 하고, 의자 배열도 신경 써야 했다. 평소

본연의 모습을 보이려 하지 않는다.

그 옛날 암행어사처럼 불시에 찾아오는 경우는 아주 드물다. 어떤 통로를 통해서든 꼭 알게 된다. 그러다 그 행차가 헛소문이었다는 것을 뒤늦게 알면 허탈해하는 사람들도 많이 봐 왔다.

"아니 온다며⋯. 온다 해서 열심히 치웠더니 헛고생했네." 한다.

간혹 정리를 그리 좋아하지 않는 남편을 보면서도 느낀다. 혼자 있을 땐 대충대충 하다 누가 온다 하면 그제야 정신없이 정리한다. 난 그런 남편에게 반복적으로 말한다.

"평소에 잘 좀 하지⋯."

물론 나도 다를 게 없다. 남편을 날카롭게 째려보면서도 함께 LTE급 손놀림을 작동시킨다.

우린 이렇게 누군가를 위해 치우고 정리한다. 학창시절부터 자신도 모르게 습득된 것은 아닐는지 하는 생각이 문득 스쳤다. 자신을 위해서가 아닌 보여주기 위한 자리들을 만들기 위해 분주하다. 우리는 이미 누군가에게 어떻게 하면 좋은 상태로 보일지를 알고 있다. 그리고 그 방법도 안다.

하지만 실상은 다르다. 그냥 놓고 살아간다. 그래서 어쩌면 누군가를 내 안에 들이기가 어려운 것인지 모른다. 정돈 되지 않은 상태를 보여 주고 싶지 않기 때문이다. 어떤 상태가 좋은지를 너도 알고 나도 알지만, 쉽사리 행하진 않는다. 안 하다 하려면 굉장히 피곤한 일들이기에 다음으로 미룬다. 익히 학창시절에 경험했던 의식적 행위들이기도 해서 불편한 것인지도 모르겠다.

누군가의 방문이 자연스럽게 이어진다면 얼마나 좋겠는가⋯.

학창시절 왜 그렇게 부자연스러운 정리 정돈을 시켜야만 했는지 새삼 묻고 싶다. '무엇이 중심이었기에 그랬을까' 하고 말이다. 어쩌면 그때부터 그렇게 보이기식이 중요해졌던 것 같다.

본연의 자연스러운 모습이 아닌 급하게 날조된 무언가로 둔갑해도 되는 세상을 일찍이 익혀버린 건 아닌가 싶다.

특히 소위 높은 사람들은 의례 그들의 마중을 준비하는 게 당연하다고 여기는 듯하다. 사람과 사람이 만나는데 극도의 긴장감을 조성한다. 만남 자체보다 준비하는 그 시간들이 더 그런 분위기로 몰아가기도 한다.

사회에 나와 보니 대부분의 행사 진행 시작 전도 마찬가지다. 특정인을 위한 행사로 움직여진다. 가끔 이럴 땐 잠시 생각한다. 그 특정인이 왔다 가면 언제 그랬냐는 듯 동원된 사람들도 물밀듯 빠져나간다.

왜 우린 자연스럽지 못한 걸까? 무엇이 우리를 이렇게 만든 걸까?. 조금만 자연스러워도 만남의 자리가 이렇게 어색하지 않을 텐데….

극소수만 즐거워한다는 것이 안타까울 때가 종종 있다. 자연스러운 만남을 일찍이 알려줬다면 높은 지위에 있는 이들과의 자리가 어쩌면 지금보다 덜 부담스럽고 편하게 나오오시 않았을까.

평소 성격대로 편하게 지내온 환경을 누군가를 위해 급하게 수정하다 보면 자신이 경직되는 것을 느낄 것이다. 그것이 귀찮고 불편해서 아예 만남을 피하고 사는 것을 택하는 이들도 있을 것이다.

함께라는 의미가 좋기도 하지만 한 편으론 불편하기도 한 그런 오묘한 감정들이 뒤섞일 때가 있다.

누군가의 행차에 부산스러움은 나이가 들어서 더 자리를 확고하게 잡아간다. 사실은 그런 심리 상태가 자연스러운 소통을 방해한다. 대화를 하기도 전에 마음이 굳어져 버린다. 온통 신경이 정리 정돈을 하며 잘 보이려는 것에 초점이 있었지, 무엇을 소통하고자 하는지는 안중에도 없었기 때문이다.

그렇게 우리는 마음이 굳고, 몸이 굳어서 결국 말도 묶여버린다. 질문도 하지 않고, 대답은 예, 아니요, 단답형으로 끝을 맺는다. 더 이상 길게 할 수 없을 정도로 말문이 열리지 않곤 한다. 사람과 사람의 만남이 상당히 불편해지는 순간이다. 분명 그들의 행차는 이유가 있었을 텐데 결실도 없이 무늬만 방문이고 그대로 보내주고 만다. 정작 하고 싶은 말을 건네지도 못한 채 작별 인사를 나눈다.

G20 정상회담에서 미국 오바마 대통령과 세계 각국 기자들의 대화에서 우리의 이러한 일면을 엿볼 수 있다.

오바마 대통령이 한국 기자들에게 발언권을 줬는데 일순간 조용해지는 분위기가 연출됐다. 어떤 기자도 손을 들지 않았다. 그 현장에 있던 기자들은 무슨 생각을 했을까? 아마 준비되지 않은 질문을 했을 경우에 돌아오는 후폭풍을 상상하고 있진 않았을까.

아니면 아예 떠오르는 질문이 없었을 수도 있다. 지금껏 이런 비슷한 상황을 경험하지 않아서 일지도 모른다. 그래서 어떻게 대처해야 할지 몰라 속으로만 허둥댔을 것이다. 오바마 대통령은 한국 기자들을 향해 몇 번이고 발언권을 줬지만 결국 우리나라 기자들 중 누구도 손을 들지 않았다. 그런 상황에 다른 나라 기자가 자꾸 자신에게 기회를 달라며 손을 들었던 장면이 떠오른다. 기회를 줘도 경직되는 모습을 보면서 참 많은 생각을 갖게 했다.

우리 사회가 자연스러운 소통이 아닌, 계획되고 꾸며진 부자연스런 소통으로 맴돌고 있는 건 아닌지….

혹여 환경과 분위기에 제압당해서 마음과 몸도 경직되는 당신이라면 지금이라도 이완시키는 훈련을 해보자. 만약 리더의 자리에 있는 당신이, 먼저 실천해준다면 더없이 좋을 것이다. 무심코 학습된 우리의 준비된 만남이 부담스럽지 않도록 자신을, 상대를 유도해주길 바란다.

연출된 만남에서 벗어나는 연습을 할 때 자연스러운 소통으로 이어질 것이다.

[4]
말을 잃어가는 현상

편리한 세상이다. 궁금한 게 있으면 내 손안의 휴대전화 터치 몇 번이면 해결된다. 간혹 강연 중 질문 있느냐고 물으면 금세 느껴지는 풍경이다.

과서 십 년 전과는 확연히 다른 강연장 분위기다. 수강생들은 이미 내가 몇 살이며, 고향이 어디며, 어느 학교 출신인지 다 알고 시작한다.

그 옛날 특강 때는 강사와 수강생들 사이에 이런저런 신상 정보를 먼저 물어보고 답해주는 것이 서로 간의 인사였다. 그러나 지금은 이름만 휴대전화 검색창에 손가락으로 터치하면 군이 묻지 않아도 인물정보에 다 기록되어 있으니 시시콜콜한 질문은 하지 않는다. 안 그래도 손을 들어 주목받는 게 쑥스러운데 이 얼마나 고맙고 편리한 세상인가.

궁금한 게 있으면 혼자 조용히 찾아보고 처리하면 되는 일들이 많아졌다.

학교에서 선생님과 제자 사이도 그렇다고 한다. 궁금한 것 있으면 질문받는다 해도 별로 관심이 없다. 인터넷 세상이라는 또 다른 세상에서 말이 아닌 문자로 물어보면 명쾌하게 답을 찾을 수 있기 때문이다. 그러니 학교에 선생님과 제자 사이에 주고받아야 할 대화는 점점 줄어들 수밖에 없다. 가까워질 이유가 점점 사라지고 있는 것이다.

운전을 하다가 길을 모르면 창문을 열고 모르는 사람에게 묻는 풍경도 이제는 보기 힘들다. 차 안에 기계들이 알아서 다 안내해준다. 낯선 사람에게 말 건다는 것이 참으로 부끄러웠던 일인데 이 얼마나 다행스러운 일인가. 간혹 창문이라도 열어 물어보면 질문받는 사람은

'뭐야… 내비게이션도 없어?'라고 생각할지 모른다.

편의점에서 물건을 사려고 계산대에 서서 기다리는 데 갑자기 "현금영수증 필요하십니까?"라는 여성의 목소리가 울려 퍼졌다. 점원은 분명 남자였다. 어디에서 들리나 했더니 계산대 기계였다. 처음부터 끝까지 점원의 목소리는 듣질 못했다. 말을 주고받지 않아도 전혀 문제없는 풍경이다. 이 얼마나 편리한 세상인가….

스피치 배우러 온 사람들에게 배운 것을 실생활에서 사용해보라고 권한다. 그리고 "스피치를 배운 것이 생활에 도움이 되었나요?" 하며 물어보면 돌아오는 말 중 "어디 말할 데가 딱히 없었어요. 말을 많이 안 하고 지냈어요."라고 한다. 처음엔 '그렇게 말할 일이 없을까…' 의아했다. 그 이후 우리에게 노출된 환경을 보니 무슨 말인지 이해할 수 있었다.

편리한 세상 속에 살다 보니 말 한마디 안 해도 아무 문제가 없어 보였다.

나는 생각해 보았다. 과연 이런 현상이 잘 살고 있는 것일까? 그냥 아무 문제 없이 살고 있는 것처럼 보일 뿐인 것은 아닐까?

진화하는 기계들 때문에 우리는 진짜 필요한 본질은 잃어가고 있는 것은 아닐까.

오랜만에 만난 아나운서 선배가 말하기를

"근아야! 나 요즘 말하는 법을 잊어버린 것 같아. 우습지 않아, 이래 봬도 아나운서였는데…. 내가 요즘 그러고 산다. 이게 말이 되나 싶을 때가 있어…."

사람과 사람이 눈을 마주치며 말을 하고 싶은 욕구, 이것은 그 어떤 욕구보다 점점 더 커지고 있는 듯하다. 말을 하는 게 직업인 아나운서도 말을 어떻게 하며 살아야 하는지 고민이라는데…. 그러면 다른 이들은 얼마나 더 심각하겠냐는 거다.

말을 배워야겠다고 결심한 이들은 그래도 조금은 좋아질지 모른다. 하지만 그것마저 사각하시 못하며 사는 이들의 삶은 얼마나 건조할까도 떠올려 봤다. 그럴 수밖에 없는 환경에 둘러싸여 살고 있기 때문이다. 사회에서는 모든 것을 인터넷 세상에서 글로 전달해도 되니 몇 마디 하지 않아도 되고, 집에서는 편한 사이라 귀찮기도 하고 말하다 싸울까 봐 말문을 닫아 버린다.

직장 내 동료와의 일상적인 대화를, 부부간의 달콤한 눈 마주침의 대화를, 사제지간의 흥미진진한 질의·응답을 이제는 상상으로만 그려보게 될지도 모른다. 말하는 것을 귀한 옹달샘처럼 여기고 살아가야 되는 건 아닌지…. 그 샘을 마시고 싶어서 말을 배우러 오는 이들을 보면서 생각했다.

그런데 배워서 돌아가도 적용할 대상이 없다는 외로운 외침이 우리의 현실이 되어가고 있다. 편리함을 추구하지만 정작 우리 마음속에서 갈구하는 본질을 잃어가는 외로움에 자꾸 젖어들어 가고 있는 것이다.

미래엔 편리한 기계들 때문에 말해 볼 대상을 찾기가 더 이상 쉽지 않을수도 있다. 거기다 우리의 타고난 (알고 보면 누구나 내성적이다: 나의 첫 번째 에세이에 실린 내용) 내성성은 더욱 이 환경들을 쉽게 받아들이게 한다. 그러면서마음 한구석에서는 갈증이 생겨난다. 내 말동무가 되어주면 좋겠다는 마음 말이다.

식당에서 가족들이 음식이 나올 때까지 기다리는 풍경을 떠올려 보면,

저마다 들고 있는 휴대전화를 만지작거리고 있다. 그리고 식사가 나오면 저마다 허기를 달래기 바쁘다. 더 심한 사람은 밥을 먹으면서 휴대전화를 보고 있다. 몸은 가족과 함께 있지만, 대화는 어딘가에서 휴대전화를 들고 있는 그 누군가와 대화를 하고 있는 것이다. 앞에 있는 가족은 투명인간이 된다. 극장가풍경도 흡사하다. 과거에는 서로 이런저런 이야기들로 시끌벅적했는데 지금은조용히 의자에 앉아 휴대전화와 대화한다.

친구들이 모여도 마찬가지다. 휴대전화 문자로는 온갖 이모티콘을 동원해서 신나게 말하는데 정작 만나면 할 말을 잃는다. 둘이 마주 앉아 또 다른 사람과 문자로 대화하느라 결국 친구와는 몇 마디 하지 못하고 헤어진다. 그리고 헤어진 후 문자가 온다. 오늘 즐거웠다고….

뭐가 즐거웠는지 모르지만….

내가 아는 친구가 딱 그렇다. 대화창에서는 그렇게 활발할 수가 없다. 귀여

움과 사랑스러움을 문자로 다 표현하며 상상하게 만들어서 웃음 짓게도 한다. 그러나 막상 만나면 조용하다.

나는 "문자에서처럼 말 좀 해봐."라고 하면

친구는 "무슨 말… 어떻게 해? 별로 할 말 없는데."라는 말을 한다.

그렇게 말하는 본인도 답답하다고 한다. 그런데 좀체 고쳐지질 않는다고 속내를 털어놓기도 했다. 실은 이 친구뿐만 아니라 점점 그런 환경에 놓여서 말을 잃어가는 증상 때문에 외롭고 답답해하는 이들이 많다.

이 또한 환경이 자신을 그렇게 만들었다고 단정 짓지 않았으면 한다. 분명 어쩔 수 없는 상황들은 이해해야 한다. 그러나 바꿔 말하면 대부분의 사람들이 말하는 것을 매우 원하고 있을 수도 있다는 것이다. 마른 땅에 물을 뿌려 주듯 메말라가는 자신에게 먼저 물을 뿌려 주기를 바라고 있는지 모른다. 그렇게 생기를 되찾고 싶은 이들이 많다. 누가 먼저 건네느냐는 것이 문제이다. 용기 있는 자가 먼저가 될 거라고 난 생각한다. 그런 심리를 파악했다면 겁내지 말고 손에 있는 휴대전화를 내려놓고 말을 걸어봐야 한다. 어색해진 자신의 말문을 조금씩 열어가는 연습을 해야만 극복할 수 있다.

'환경이 그래서 할 수 없어가 아닌 환경이 그렇기에 더 의미 있는 말하기였어.'라고.

이럴 때 내가 종종 건네는 문구가 있다.

백독이불여일화. 백번 읽기보다 한 번 말하는 게 낫다.

백날 글을 읽어서 이렇게 저렇게 해야 지가 아니라 일단 말을 꺼내야 말하는 법을 익히게 된다. 지금 당장 무슨 말이라도 소리 내어 말해보길….

편리해져 버린 환경 속에 자신을 방치하지 말자. 어느 순간 말을 잘하던 사람도 말하는 방법을 잃게 될지 모르니 각별히 신경 써야 할 일이다.

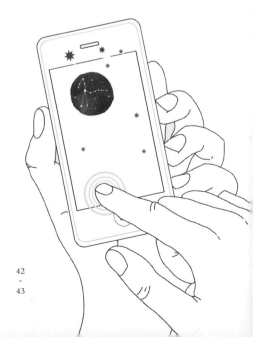

왜 소통이 아닌 고통인가?

〈인생이 간혹 로봇청소기 같을 때가 있다〉

요즘 로봇청소기는 성능이 좋아졌지만, 초창기 버전은 그렇지 못했다. 초창기 로봇청소기는 좁다란 벽을 만나면 거기서 어디로 가야 할지 방향을 잃고 자꾸 벽에 가서 반복적으로 부딪힌다거나 제자리만 빙글빙글 돈다. 이럴 때 그 청소기를 다시 제대로 움직이게 만드는 것은 바로 사람의 손이다. 누군가 다가가서 살짝 방향만 틀어줘도 언제 그랬냐는 듯 열심히 이리저리 잘 돌아다니며 자신의 할 일을 충실히 해낸다.

가끔 우리네 인생이 이 로봇청소기 같을 때가 있다. 이리저리 이래저래 잘 온 것 같은데 어느 순간 큰 벽에 가로막혀 그 자리만 빙글빙글 돌고 있는 느낌, 답답함이 밀려오는 순간들이다. 막다른 골목에 놓인 자신이 한없이 측은하기까지 하다. 로봇청소기처럼 잘 돌아다니며 제 할 일을 해낸 것 같았는데 벽을 마주했을 때의 답답함…. 이럴 때 역시 우리의 삶도 방향키를 전환해 줄 무언가가 필요하다. 그 도움을 받으면 다시금 제 할 일을 제대로 할 수 있을 것이다.

간혹 그런 벽에 부딪혀서 힘들어하는 이들이 내게 물음을 던진다.

사는 게 너무 답답하다며…. 꽉 막혀서 갈 곳이 없다며….

"내 삶은 어디 있는 걸까요?"

이 질문을 받고 한참을 생각했다. 그러고는 이렇게 대답해 주었다.

"어디 있긴요. 지금 여기 있습니다. 저는 그렇게 보입니다."라고.

지금 여기 있는데 우리는 무슨 이유에서인지 자꾸 다른 곳에 우리 삶이 있을 거라고 여기며 살아간다. 그래서 불현듯 밀려오는 답답함에 던지게 되는 질문이 바로 "내 삶은 어디 있는 것일까?"이다.

자신의 삶을 살았던 것이 아닌 타인의 삶을 살았다는 생각에 자꾸 내 것을 찾게 되는 것 같다.

누군가 시키는 대로 사는 게 당연하다 여기며 살았는데…. 이 또한 원활하지 않을 때가 있다. 원활하지 않다는 것은 사람과 사람 사이의 벽이 가로막고 있다고 느껴질 때가 아닌가 싶다. 만나는 사람마다 자신을 터덕거리게 만드는 것 같고, 되는 일도 없다. 그렇게 돌아보니 자신은 타인의 삶을 살았다고 생각한다. 내 삶을 찾으려고 보니 대체 어디서부터 어떻게 해야 할지 갈피를 못 잡는다.

그래서 혹여 우물 안 개구리라 그런 건 아닌가 싶어 넓은 곳으로 나가 보기도 한다. 그러나 아무리 넓은 곳에 간다 한들 그곳엔 답이 없다. 몸만 거기 있을 뿐이다. 혹은 만나는 사람들을 바꿔 볼까도 생각한다. 원활한 소통을 할 수 있는 사람들을 찾아 나선다. 새로운 사람을 만나도 뾰족한 해법이 나오지 않는다.

　장소를 바꿔도, 사람을 바꿔도 쉽게 답을 찾지 못한다. 그래서 고통스럽다고 외친다. 삶이 술술 풀리는 게 아니라 고통의 연속처럼 느낀다. 공허하게 벽에 헤딩만 하는 것 같다 한다. 난 그들에게 이렇게 말해 주고 싶다.
　"우물 안 개구리처럼 세상을 몰라서 고통스러운 게 아니다. 자신을 외면해서 오는 고통인 것이다."

　우리는 끊임없이 소통을 외친다. 소통을 잘하고 싶다는 말을 많이 한다. 그들의 외침에 응답하느라 여기저기서 해답들을 전해준다.
　나 또한 소통의 기술을 전하는 사람 중 한 명이다. 나는 소통에서 제일 중요한 것이 자신과의 숨 고르는 대화가 우선이라고 생각한다. 이 단계가 없이 다른 것들을 받아들인다 한들 효과는 얼마 가지 못한 채 결국 또 벽에 부딪히고 말 것이다. 그 누가 아닌, 그 어떤 장소가 아닌 자신과의 만남이 필요하다.

　실제로 잘 살아가고 있고 스스로가 행복하다 여기는 이들과 대화를 나누다 보면 그들은 하루 중 단 몇 분이라도 자신과의 대화 시간을 가진다는 것을 알게 되었다. 소통이 잘 되는 사람은 행복한 사람이다. 왜냐 사람 사는 세상 원활하게 술술 풀리는데 뭐가 그리 고통스럽겠는가…. 그러니 당연히 행복하다 외칠 수 있는 순간으로 연결되는 것이다.

연세가 지긋한 모기업의 회장님을 레슨한 적이 있다. 내가 만난 그 회장님은 아침마다 자신에게 좋은 기운을 불어넣는 혼잣말을 한다고 한다.

예를 들어 해를 보면서

"해야 해야 어서 떠라. 네 얼굴 좀 보자! 오늘도 좋은 일 만들어 보자."라고 말한단다.

그 분은 수십 년 자신이 일궈 온 회사가 무사고라는 것에도 자부심이 있었다. 분명 그런 것에는 아침에 자신과의 대화 시간이 큰 영향을 끼치지 않았을까 싶다. 그리고 표정은 해처럼 밝은 기운을 머금고 있었다. 그러니 자신이 원하는 삶을 순조롭게 이끌어 가지 않았을까….

신혼 때 잠시 살았던 아파트 경비 아저씨의 표정 역시 언제나 밝은 기운이 느껴졌다. 지금까지도 못내 잊혀지지 않는 분이다. 어찌나 신나게 입주민들을 맞이하던지 어느 날 그 비결이 궁금해서 물었다. 그 물음에 아저씨는 쉬는 틈만 나면 만나는 모든 사람을 친절하게 대하자고 자신에게 말을 건넨다고 한다. 목소리에 얼굴에 좋은 기운이 느껴지는 아저씨였다. 그 아저씨의 웃는 모습을 보면 지나가던 사람들도 덩달아 기분이 좋아진다.

타인의 삶이 아닌 자신의 삶을 찾아서 살아가는 사람들의 표정은 다르다.

나 또한 아무리 바빠도 아침에 커피 한잔을 앞에 놓고 앉아 나에게 말을 건넨다. 그 짧은 시간이 얼마나 많은 것을 바꿔 놓는지를 깨닫는다. 그 중요성을 알기에 이제는 주변 사람들에게 권해본다.

"소통을 하고 싶다며 장소를 찾아다니거나, 사람을 찾아 헤매기 이전에 자신과 소통을 먼저 갖는 게 순서다."라고.

왠지 모르게 스님들을 떠올리면 소통을 잘할 것 같은 기운이 느껴진다. 왜 그럴까 생각해 본 적이 있다. 넓은 세상도 아닌 깊은 산 중에 있는데 마치 세상 사람들 속마음을 다 읽고 있는 듯한 이 느낌…. 그건 아마도 끊임없이 '자신과의 대화'를 했기에 가능한 일이라 생각한다. 작은 공간에서 생각의 크기를 키우는 방법은 자신에게 말 걸기로 시작하면 가능하다.

육아로 바깥출입을 못 한다고 투덜거리는 사람들, 회사 사무실에 갇혀 있다고 짜증 내는 사람들…. 그들에게 권해보고 싶다.

어디에 있든 자신과의 말 걸기를 시작해본다면, 그 자리에 당신의 삶이 보이기 시작할 것이라고. 그리고 이러한 나의 생각이 로봇청소기의 방향전환을 도왔던 손길처럼 답답함을 해소해 주는 메시지가 됐으면 한다.

자신과의 소통이 있은 후에 찾아도 늦지 않을 것을 먼저 원하고 있진 않은지 한 번쯤 생각해 볼 일이다.

"나의 삶은 지금 여기 있다."

서서히 병들어가는 관계라면?

매일 매일 하루 3번 하는 양치질,

소중한 이를 건강하게 지키고 싶어서 하는 행위다.

어느 날 문득 양치 중 입을 크게 벌려 보는데 어금니 쪽에 작은 까만점이 눈에 거슬렸다. 필히 뭐가 묻었겠지 하며 몇 번을 그냥 지나쳤다. 자세히 들여다보니 썩고 있는 모양새였다. 통증도 없었다. 그리고 스치는 생각들….

'언제부터였을까? 썩은 부위가 점점 커지겠지? 그리고 아프겠지?'

사람과 사람의 만남도 입안의 치아를 관리하는 것과 많이 닮았다. 소중한 인연이 어느 순간 서로에게 아픔을 주기도 한다. 어느 날 갑자기 찾아온 위기 같지만 실은 우리의 치아가 썩는 것처럼, 처음엔 아픔인지도 모를 정도로 작았지만, 그것이 쌓여서 걷잡을 수 없이 커져 버린다. 심각해지면 발치를 해야 할지도 모른다.

소중하다고 여겼던 사람과 이별을 결심하게도 한다. 없으면 안 될 것 같은 사람이 천국과 지옥을 오가게 만들어준다. 천국인 줄만 알았는데 지옥이라고 못 박아버리게도 한다.

"너 없으면 못 살 것 같아."였던 사이가 "너 없으면 살 것 같아."로 바뀔 수 있다는 것이다.

뭐가 문제였을까?

방치가 아닐는지…. 소중할수록 적정한 관리가 필요했는데, 그 선을 넘다 못해 감정에 무던해지는 순간 찾아오는 문제들일 것이다.

그러는 순간들이 더해져서 병들기 시작한다. 마음의 병!

중요했던 사이가 불편한 관계로 자리하게 된다.

내게 붙은 치아는 소중하다고, 몸으로 느끼는 고통이 싫어서 매일 매일 하루 3번 양치하면서 정작 마음의 관계는 방치한다.

치아는 눈으로 상태 확인이 가능하지만, 마음은 보이지도 않으니 더욱 모르고 지나친다. 사소한 것들로 지속적으로 상처받고 있다는 것을….

치아가 썩고 있다고 느끼는 순간 병원으로 달려가면 금세 좋아진다. 그런데 병원 가는 것조차 귀찮아서 방치하면 치료 과정이 커진다.

혹시 이 순간 소중하게 여기고 싶은 사람이 있다면 지금의 마음을 확인하고, 매일 치아를 관리하듯 신경 써야 되지 않을까… 묻고 싶다.

서로가 지옥이라고 말하기 전에 미리미리 점검하는 것은 자기 몫이 아니냐고?

적정한 선을 유지하고 있는 지금의 소중한 인연을 오래 이어갈 수 있는 방법이라고 생각한다.

그리고 많이 악화된 사이라면 필히 이렇게 된 원인이 무엇인지 돌이켜보는 시간을 가져야 한다. 서로의 첫 만남이 어떠했는지부터 왜 무던하게 방치하고 있었는지도 꺼내봐야 한다. 덮어 둘 일이 아니다. 미뤄 둘 일이 아니다. 드러내고 더 이상 상처 주지 않도록 닦아내야 한다. 그리고 새롭게 관계를 이어가야 한다.

양치하는 순간 떠오른 나의 이런 생각을 남편에게 말했다.

우리도 혹시 무뎌지고 방치하고 있는 게 있진 않은 지 서로 살펴보자고 했다.

우리 부부가 빈번하게 싸우던 무렵이었다. 그런 지루한 싸움의 결말이 필요한 시기였다. 그랬기에 어떤 비유라도 필요했던 찰나, 아주 단순한 일상 속 양치습관이 떠올랐던 거다. 이후 혹여 우리는 발치될 것을 우려해서 조금씩 서로의 마음을 관리하는 시간을 조금씩 갖자고 제안했다. 효과가 있었다. 물론 지금까지도 그 효과로 나름 건강한 부부관계를 이어가고 있다.

건강했던 이가 썩을 수밖에 없는 이유가 있듯이 인간관계에서 갈등의 이유는 반드시 있다. 어느 날 갑자기 일어나지 않는다. 수시로 서로의 마음을 관리하는 건강한 습관을 익히는 게 중요하다. 귀찮고 눈에 보이지 않는다고 방치한다면 더 큰 아픔으로 소중한 누군가를 잃게 될지 모른다.

7

기대는 웃프다를 만든다

'우린 기대의 연속성으로 웃기도, 슬프기도 하다.'
요즘 언어를 빌리자면 기대로 인해 느껴지는 감정은 '웃프다'로 표현된다.

부모는 자식에게, 부부는 각자의 배우자에게, 사장은 직원에게, 친구는 친구에게 기대의 끈으로 연결되어 있는 듯하다.

부모는 자식이 잘되길 기대한다. 잘 될 때는 동네방네 소문내고 싶을 만큼 들뜬다. 잘 안 될 땐 자녀를 다그친다. 잘하라고….

잘 되는 그 순간까지 칭찬보다는 지적이 훨씬 많다.

부부는 기대하는 게 더욱 가늠할 수 없다. 돈을 많이 벌어 오길, 자상하게 대해 주길, 집안일을 도와주길 등등의 기대들이 줄지어 등장한다.

그러니 어디까지 채워줘야 그 기대의 목마름이 해소될지 늘 불안하다.

사장은 직원이 알아서 회사의 이윤을 내주길 기대한다. 그런 직원에게는 끊임없는 기대가 이어진다. 친구끼리는 돈독한 우정을 기대한다.

기대하는 이는 기대를 저버리는 상대에게 어김없이 상처를 받는다.

우리는 이렇게 기대의 연속성 속에 살아가고 있다.

나는 관심=기대라는 관계를 발견했다. 관심의 크기에 기대는 언제나 비례한다.

나에겐 오랫동안 서로를 감싸주고 이해하며 지켜보는 동생이 있다. 그녀의 착한 심성은 우리의 관계를 마치 한가족처럼 유지시키는 힘이 되고 있다. 그러다 보니 그녀의 행동 하나하나, 그녀에게 발생하는 일들에 관심을 기울이지 않을 수가 없다. 하지만 그녀에게는 좋은 점이 많은 반면 착한 심성으로 인한 좋지 않은 일들이 자주 생겼다. 그럴 경우 나는 애정이 깃든 충고의 말과 함께 도움을 주곤 했다. 그녀의 삶이 좋은 방향으로 개선되기를 기대하는 바람이 내 안에 자리 잡으며 점점 커졌다.

삶의 상실감으로 인한 어두운 표정이 밝아질 것이라는 기대, 의욕 상실로 인한 게으름이 부지런함으로 변할 거라는 기대, 그러나 내 앞에서 굳게 약속한 결의는 작은 시련에도 무너져 언제 그랬냐는 듯 다시 제자리로 돌아오기 일쑤였다. 그때마다 정말 속이 상하다.

'기대라도 안 하면 이렇게 속상하지 않을 텐데….'

나는 왜 그녀에게 끊임없이 기대를 하고 있었던 걸까? 좋아하고 관심 있는 사람이라는 게 이유였다. 관심 없는 사람에겐 아예 기대조차 하지 않는다. 어느 순간 좋아하는 사이라는 이유만으로 '기대'라는 단어는 자연스럽게 생성된다.

가족에게도 이런저런 이유로 지속적인 기대 심리가 따라붙는다. 이럴 땐 이렇게 저럴 땐 저렇게 나름의 방식대로 바라는 것들이 생겨난다.

기대에 미치지 못한 순간 상대는 나를 배려하지 않는다고 여긴다. 그래서 화가 나게 되고 가장 좋아하는 사이가 가장 상처를 주는 사이가 되기도 한다.

부모 자식 사이가, 형제자매 사이가, 부부 사이가 그렇다. 각별한 관심이 끊임없는 기대감을 품고 살게 한다.

나의 '힐링스피치' 강연장엔 주부층 청중이 많다.

발표 시간의 주된 스토리는 바로 가족 간에 마음을 알아주지 않아서 답답하다는 것이다. 결국 체념의 끝에서 강의까지 듣게 됐다고 말한다.

"내가 어떻게 했는데…. 나에게 이럴 수가 있지?"

여기서 '이럴 수'는 자신이 기대했던 반응과 사뭇 다른 것을 받았을 때 억울해서 나오는 말인 듯하다. 자신이 가족을 위해 해준 만큼 돌아와야 하는데 반응이 없다. 무반응이 반복적으로 일어날 땐 체념의 끝에 선다.

'더 이상 기대하지 않겠다'라는 다짐과 함께 바로 무관심의 대상이 된다. 그러니 "가족이 남보다 못하다."라는 말이 절로 나오게 된다.

무관심=무기대가 성립된다.

커플들은 주로 기념일에 싸울 확률이 높다. 각종 기념일들은 유난히 서로를 기대하게 만든다. 상대가 내게 뭘 해줄지에 대한 마음이 은근히 움직이기 때문이다. 혹여 몰라주기라도 하면 속상하다. 특별한 날을 챙겨주지 못해서 헤어지는 커플들도 많다. 그렇다고 당당하게 어떻게 해달라고 표현도 못 한 채 속앓이만 한다. 그냥 알아서 해주길 바란다. 그러다 기념일에 그동안 상대에게 걸었던 기대가 자신의 생각에 미치지 못할 때 펑하고 터져 나오는 게 아닌가 싶다.

기대할수록 채워지는 것이 아니라 잃는 것이 더 많아짐을 느낀다. 좋아하고 사랑했기에 기대했던 건데…. 결국 그 기대로 인해서 더 멀어지게 만들고 있진 않은지…. 그렇다고 우리는 아예 기대를 안 하고 살 순 없다.

앞서 말한 '우린 기대의 연속성으로 웃기도, 슬프기도 하다.'

어쩔 수 없이 생겨나는 기대심리라면 그 관심의 대상을 조금 바꿔 보면 슬픔의 지수를 낮출 수 있진 않을까.

'나 자신'에게 거는 기대로 바꾸는 거다. 지금까지 관심이라는 이유로 기대라는 짐을 안겨준 건 아니었는지 생각해 볼 일이다. 관심과 기대 사이에 '나'라는 대상을 살포시 넣는 연습을 해보자.

관심=나=기대 이렇게 말이다.

어쩌면 기대의 방향키만 바꿨을 뿐인데 이것이 사랑하는 사람들을 지켜내는 방법이 될 수도 있다고 생각한다. 소원한 사이에서 자신을 변화시켜 나갈 때 점차 좋아질 수 있다고 나는 확신한다.

자신의 변화가 어느 정도 남아 있던 기대에 불을 지필지 모른다. 상대는 무관심이라 치부하고 싶었지만 실은 그게 아닐 수도 있다. 물론 이 순간에도 자신에게 거는 기대의 끈을 놓아서는 안 될 것이다.

당신이 그렇듯 늘 상대는 관심=기대로 본다.

그렇다면 거기에 자신이 먼저 달라져서 의외의 답을 보여주면 좋지 않겠는가…. 더불어 자신이 받는 상처의 횟수도 확연히 줄어들 것이다.

관계의 소중함을 지키고 싶다면 이 문구를 필히 떠올려 봤으면 한다.

"기대는 그 누가 아닌 나에게 하는 게 진짜 기대다."

나도 앞으로 마음속에 새기려 한다. '웃프다'의 애매한 감정에서 좀 더 확연하게 웃음이 더 많은 우리의 삶을 위해서….

박근아가 권하는 소통의 3원칙

첫째, '호응하라'

전화 통화 중 혼자 이야기를 하다 건너편 상대가 아무 소리를 안 하면? 이렇게 묻는다.

"여보세요…. 듣고 있니?"

"듣고 있어, 듣고 있다고!"

전화통화에서 상대편의 무반응에 이렇게 소리치듯, 전화가 아닌 직접 만나서 하는 대화도 똑같다. 한 사람이 이야기하면 상대방이 듣는다는 반응을 보여줘야 하는데 좀체 무반응이라면 대화는 시들해질 것이다. 잘 안 듣는 것 같아서 물으면? 이렇게 답한다.

"잘 듣고 있거든…. 말해!"

이미 말하는 사람은 흥이 떨어져서 말할 기분이 사라진다.

저마다 듣는 방식이 다 다르다. 눈만 멀뚱멀뚱 보는 사람, 고개만 끄덕이는 사람, 시선을 맞추지 못한 채 먼 산을 보며 듣는 사람 등등이다. 할 말을 잊게 한다.

대화 시 상대방이 말을 신나게 잘할 수 있도록 이끌어 주는 호응이 있다. 어떻게? 나의 목소리를 꺼내서 맞장구 치며 들어 주는 것이다. 물론 눈짓과 목짓도 더해져야 한다.

예를 들어 보자면, 간단한 몇 가지 단어들을 곁들여 주면 말하는 이가 술술 대화를 풀어나갈 수 있게 도와준다.

"아! 정말?" "그렇구나…" "어머나! 웬일이니." "진짜?"

이런 단어들이 음식의 표현을 빌리자면 풍미있게 해준다. '저 사람이 내 이야기를 진심으로 잘 들어 주고 있구나.'라는 생각을 말하는 이에게 절로 심어 주는 호응 단어들이다.

실제로 이야기를 잘 끌어내는 이들의 대화를 들어보면 그들은 대화를 하는 중간중간 이런 단어들을 반복적으로 사용하여 상대로 하여금 신나게 말을 하게 만든다.

"난 당신의 말을 아주 흥미롭게 잘 듣고 있어요."라는 마음을 소리로 티 내자!

소리를 겸하는 것이 진정한 호응이라는 것은 매우 중요하다.

그런 이들에게 사람들은 자신의 이야기를 들려주고 싶어진다.

주로 남성들은 이야기를 듣다 자꾸 해결해 주려거나, 답을 주려고 한다.

남편에게 내가 누구누구 때문에 기분이 언짢았다는 말을 늘어놓으면 남편

의 이내 오는 말이

"그래서? 내가 어떻게 해주면 좋겠어?" 등등이다.

말하는 이는 답을 원하는 게 아닌 그냥 잘 들어 달라는 건데 말이다. 해결하거나 답 주려 말고 호응으로 소통의 스킬 첫 단추를 끼워보라.

둘째, '드러내라'

회사 동료가 호응을 잘 해주며 듣기에 숨기고 싶은 이야기를 털어놓았는데, 헤어지고 난 후 이상하게 기분이 찜찜할 때가 있다.

'나만 이야기했잖아. 이 기분 뭐지. 회사 직원 흉도 보고 그랬는데 저 친구 누구한테 말하는 거 아냐…. 다음엔 말조심해야겠다. 속 이야기 하지 말아야겠어.'

말하고 나서 묘하게 불안하다.

반면, 대화 후 마음이 후련한 경우가 있다.

나의 속 깊은 이야기를 꺼냈더니, 듣고 있던 친구도 자신의 비슷한 상처를 드러내 준다. 그러니 헤어지고 난 후 왠지 모르게 동등한 대화를 한 것 같아서 마음이 가볍다. 그런 친구는 반드시 또 만나게 된다.

강연할 때도 또 방문하고 싶게 만들어주는 곳이 있는가 하면, 빨리 끝내고 나가고 싶은 곳이 있다.

또 방문하고 싶은 강연장 분위기는 질문하면 속 이야기도 함께 나누고 함께 기뻐하고 함께 안타까워하는 분위기가 연출되는 곳이다. 강연 후에도 남아서 피드백해주며 '이곳에 오길 참 잘했다.' 생각한다.

누군가 드러내며 다가와 주면 소통하고 싶다는 신호로 알아주고, 자신의 무언가도 조금은 드러내 주길….

셋째, '터치하라'

점을 빼러 피부과를 방문한 적이 있다. 기계 밑에 잠시 앉아 있다 보니 어디선가 살타는 냄새가 솔솔 풍겨왔다. 그 순간 겁이 나서 '점은 있어도 그만, 없어도 그만이니 그냥 일어서서 갈까…' 하는 생각이 스쳤다. 그런 생각을 하고 눈을 감고 있는데, 갑자기 누군가 손을 꼬옥 잡아주는 게 아닌가…. 눈을 살포시 뜨고 봤더니 피부과 여자 실장님이었다.

난생처음 보는 사람의 손길이 얼어 있던 내 마음을 열게 했다. '점을 뺄 수 있겠다. 그래 할 수 있겠다' 하는 결심으로 바뀌었다.

낯선 곳에서는 누구나 약간의 긴장감과 두려움이 밀려온다. 이럴 때 그 경계를 풀 수 있었던 것은 사람과 사람의 터치라는 것을 느낀다.

대화를 할 때 유독 툭툭 손으로 치는 이들이 있다. 웃을 때도 손바닥으로 상대를 터치하면서 온몸으로 표현해주면 나의 이야기가 정말 재밌다고 착각하게 만든다. 손 아끼지 말고 만나는 상대에게 살짝 터치하면서 이야기를 이끌어가길 권하고 싶다. 따뜻한 감정과 친근함이 섞이면서 터치해주는 이에게 마음이 열린다.

'호응하라', '드러내라', '터치하라'의 3원칙은 내가 강연을 하며 소통이 힘들다고 하는 이들을 위해 무엇을 전해줄까 연구하며 요약한 것이다. 나는 단지 이것을 정리해서 전했을 뿐인데 실제 도움을 많이 받았다고 후일담을 보내오는 이들이 있어 뿌듯하다. 소통에는 여러 방법들이 있겠지만,

'박근아가 권하는 소통의 3원칙'을 실생활에 활용하면 좋겠다.

2장

말문이트이는
내추럴스피치

[1]

단점을 고치는 게 아니라 장점을 돋보이게 만들어라

옷을 잘 입고 싶다면 먼저 나의 몸을 알아야 한다. 누구처럼 입었지만 자신에게는 어울리지 않을 수 있다. 자신의 몸과 비슷한 체형의 사람이 어떻게 입는지를 본다면 참고는 될 것이다. 하지만 전혀 다른 몸매의 옷 스타일을 따라 하는 것은 자칫 패션테러리스트가 될 수 있다.

자신의 몸 구석구석을 파악해야 한다. 장, 단점으로 나눈다면? 장점은 살려서 단점을 최대한 보완하는 스킬을 익히는 것이다. 그래서 이 스킬의 최고를 가리켜 우리는 패셔니스타라고 부른다. 타고난 몸매를 살리지 못하는 사람들이 있는가 하면, 뭔가 조금 부족한 듯한데 탁월한 의상 센스로 자신을 돋보이게 하는 이들도 있다.

화장도 마찬가지다. 누구처럼 한다고 되는 것이 아니라 내 얼굴을 아는 것이 먼저다. 구석구석 장단점을 오픈하고 봐야 알 수 있다. 장점을 돋보이게 해서 단점이 눈에 들어오지 않도록 메이크업을 해야 한다. 그런데 그저 내 얼굴의 형태를 파악하기보다 남의 잘 된 얼굴만 보고 늘 따라만 하려 한다.

제각기 다른 얼굴이라는 것을 인정하고 자신을 장점을 찾자.

스피치도 잘하고 싶다면 이 원리를 알면 쉬워진다. 우리는 저마다 다른 장단점을 갖고 태어났다. 그렇기에 자신의 장단점을 파악하여 장점을 살려나간다면 훌륭한 스피치 능력자로 인정받을 수 있다.

단점을 고치는 게 우선이 아니라, 장점을 돋보이게 만들어 주는 것이 먼저다. 그럼 자연스럽게 단점은 장점에 묻혀 보이지 않을 것이다.

스스로 장단점을 찾기 어렵다면 전문가의 도움을 받으면 훨씬 빠를 것이다. 전문가가 왜 전문가이겠는가?

그 분야에 많은 시간을 집중해왔기에 일반인들보다 빠르게 알아차릴 수 있다. 문의를 구할 때 반드시 장점부터 알려달라고 해보자. 그리고 단점을 말해달라고 전해야 한다. 단점부터 들으면 말하기에 대한 두려움이 더 증폭된다. 그러니 장점을 알고, 이것을 살릴 방법을 모색해야 한다.

단상에서 수많은 학생들의 발표하는 모습을 보면서 알게 된 사실은, 저마다 장점이 있다는 것이다. 그것을 일러주면 어김없이 새롭게 알게 된 자신의 재능에 놀라곤 한다.

자신의 장점을 살릴 수 있도록 객관적으로 분석한 각자의 특성을 자료를 통해 코치해 주니 어떤 학생은 한 번도 배워 본 적이 없는데 스토리텔링을 감각적으로 잘했고, 또 다른 학생은 말하는데 강, 약, 멈춤을 적절히 사용할 줄 알았다.

성량이 풍부한 것만으로도 상대방의 귀를 집중시키는 타고난 장점을 지닌 학생도 있었다.

이들 모두가 단점이 없었겠는가. 그들은 지금껏 단점에만 휩싸여서 앞으로 나아가지 못하고 있었다. 단점 투성이라고 생각해서 말하기가 두려웠다고 토로하곤 한다.

그것이 무엇이든 장점을 살려주면, 단점은 저절로 작아 보인다. 패션도 화장도 장점을 살려서 단점을 보완하듯이, 스피치도 장점을 부각해서 들키고 싶지 않았던 단점을 최소화시켜보자.

스피치 메이크 오버를 원한다면 '나의 말하기 상태'를 오픈해서 점검해야 한다. 오픈한다는 것은 어떤 공간이든 청중 앞에서 자신의 말문을 터 봐야 알지 않겠는가.

패셔니스타의 첫걸음은 자신의 알몸을 거울을 보고 체크해야 하고, 화장의 고수들은 메이크업을 지우고 오리지널 자기 얼굴을 봐야 알 수 있다. 스피치는 청중 앞에 나서서 말하는 자신의 모습을 영상으로 찍어 봐야 상태를 알 수 있다.

혼자 파악하기 힘들면, 장점을 말해줄 조언자를 두길 권한다. 누구를 따라하기 식의 말하기로 접근하기보단 자신의 말하기 중 장점을 먼저 찾기 바란다.

[2]
군중 속으로의 당당 워킹

사람들 앞에 서면 심장 박동 소리가 귓가에 들리고, 얼굴이 빨개지고, 입술을 실룩거리고, 수전증처럼 손 떨림 증상들 때문에 힘들어하는 이들이 많다.

나 역시 이 모든 증상들을 경험했다. 혼자나 소수 인원일 때는 괜찮은데 다수의 사람들 앞에서는 자신의 이런 모습을 주체할 수가 없다. 이러한 증상들을 경험하면 다시는 나서고 싶지 않아서 피하는 사람들이 있다.

이 몹쓸 증상들 때문에 하고 싶은 말들을 쏟아내지 못하고 포기하고 있는 당신이라면, 실제 수업 중에 수많은 학생들에게 시도해 본 결과 긍정적인 효과를 봤던 Tip을 소개한다.

이런 증상을 잠재울 수 있는 특단의 조치는 바로 '군중 속으로의 당당한 워킹'이다.

혼자 있을 때는 전혀 문제없던 나의 몸이 통제가 안 되는 이유 중 하나는 "누군가가 나를 보고 있다."라는 의식 때문이다.

"저 사람이 나를 어떻게 볼까? 틀리면 어쩌지…." 등등의 생각들이 가득 차서 정작 하고 싶은 말에 집중하지 못하고 군중의 시선을 사로잡지 못하고 멍한 상태가 되어 자신의 의견을 피력하지도 못한 채 내려오고 만다.

나는 그 시선으로부터 자유로워질 수 있는 방법은 무엇일까를 생각해 봤다. 일단은 말하지 않고 나의 몸을 컨트롤할 수 있게 만들어 주는 것이다.

나는 수업 중 그 어떤 정보를 주지 않고 탁자 앞으로 먼저 걸어보라 했다. 그런데 정말 신기할 정도로 앞에 서서 말할 때의 증상들이 걷는 순간에 모두 나타난다는 것을 파악할 수 있었다.

걷기만 했을 뿐인데 몸을 비비 꼰다거나, 고개를 숙인다거나, 다리에 힘이 풀려서 비틀거린다거나, 손을 어찌해야 할지 모른다거나 등등의 모습을 보여준다. 자신감 있게 몸을 컨트롤하며 걷는 이는 말할 때도 제법 능숙한 이들이다.

❶ 무조건 걸어보라.

평소 자신이 하던 자세로 걸어 보는 거다. 가능하다면 휴대전화로 영상을 찍어둔다면 더 효과적이다. 처음 자세가 어떠한지를 찍는 것이다. 찍는 것이 여의치 않다면 주위 사람들에게 자신의 걸음걸이에 대해서 물어보아야 한다.

그 자세 속에 당신의 스피치 시 몸 상태가 고스란히 드러난다. 꼭 확인을 한 후 그다음은 교정자세로 들어간다.

사람의 수에 휘둘리지 말자. 열 명이든 백 명이든 나의 머릿속엔 "그냥 숫자에 불과하다."로 기억하려는 훈련을 하자. 그리고 내 눈앞엔 가장 편안한 사람을 떠올려서 그 한사람이 앉아 있다고 생각해 본다.

❷ 이런 의식의 전환이 완료됐다면 또 한 번 걸어본다.

그럼에도 첫 번째 걸음걸이와 비슷한 증상이 나온다면 반복적으로 이 의식 전환 훈련을 하며 걷고 또 걷는다. 어깨를 쫙 펴고 자신감 있게.

❸ 그다음은 최대한 민망한(?) 제스처들을 하면서 걷는다.

분명 첫 번째, 두 번째 걷는 것보다 발을 떼기가 어려울 것이다. 자신이 머릿속으로 상상하면 그 모습이 매우 민망(?)하고 우스울 것이라는 생각이 앞서서 한 발 내딛기가 두렵다. 그래서 망설인다. 하지만 망설인 끝에 발을 떼고 걸으면 생각보다 어렵지 않다는 것을 알게 된다.

여기서 제스처들을 예로 들자면, 청중을 향해 허리를 굽혀본다, 뒤를 돌아본다, 손을 흔든다, 악수를 청한다, 박수 친다, 인사를 한다, 승리의 브이를 만든다 등등의 제스처들을 걷는 자세에 넣어본다. 그냥 걸을 때와는 사뭇 다른 느낌일 것이다.

동작들을 응용해서 걷게 되는 자신의 모습을 꼭 몸에 기억해야 한다. 이 또한 영상 촬영한다면 큰 효과를 볼 수 있다. 마지막 동작을 반복적으로 익힌다면 이게 바로 스피치 메이크 오버의 당당 워킹이다. 이것은 따로 장소를 정해 놓지 않아도 걸을 수 있는 장소라면 어디에서든 해볼 수 있다.

모델의 워킹을 바라는 것이 아니라 주위를 의식해서 나오는 증상을 잠재우는 중요한 방법인 '당당 워킹'을 시도해보자!

다시 한 번 간단히 정리해보자면, 일단 지금의 자세로 무조건 걸어본다. 몇 명이 앞에 있다는 생각을 떨치는 의식 전환을 수차례 반복 후 걷는다. 여기에 앞서 말한 스피치 메이크 오버의 당당 워킹 제스처를 더해서 걷는다.

절대로 보이고 싶지 않은 몹쓸 증상에 짓눌렸던 당신은 '당당 워킹'만으로도 메이크 오버 될 것이다.

스피치의 5짓 — 손짓, 발짓, 눈짓, 목짓, 몸짓

스피치의 5짓 디테일의 차이 - 전문가와 비전문가를 나뉘게 한다. 이 모든 움직임은 청중이 눈치 못 채도록 자연스러워야 한다.

말의 전달력을 더욱 증폭시킬 수 있는 몇 가지 동작들이 있다. 목소리와 말할 내용만으로는 부족하다. 스피치의 5짓이 더해진다면 전달력은 강력해진다. 어렴풋이 알고는 있으나 왜 말할 때 동작들이 필요한지를 정확히 모르고 지나치는 경우가 많다. 말은 하고 있으나 전달되지 않는 말은 죽은 거나 마찬가지다. 죽은 말을 살릴 수 있는 인공호흡과 같은 것이 바로 스피치의 5짓이라 할 수 있다.

첫인상을 결정짓는 커뮤니케이션 요소를 연구한 것이 메라비언의 법칙(The Law of Mehrabian)이다.

이 법칙의 요소를 살펴보면 시각적인 요소, 청각적인 요소, 말할 내용 세 가지를 들고 있다. 전체 이미지를 결정짓는 요소를 100%로 봤을 때 차지하는 비율은 이렇게 나뉜다.

시각적인 요소 55%, 청각적인 요소 38%, 말할 내용 7%이다.

누군가를 처음 만났을 때 그 사람에 대한 이미지를 결정하는 데 있어서 시각적인 요소가 차지하는 비율이 상당하다는 것을 알 수 있다. 그런데 아이러니하게도 대부분의 학생들이 말한다.

"교수님! 말할 내용이 없어서 발표를 못 하겠어요."

아직 준비가 안 되어 있으니 발표를 못 하겠다며 자신에게 주어진 기회를 놓치고 만다. 단 7%밖에 인식이 안 되는 말할 내용 때문에 자신의 멋진 이미지를 부각시킬 좋은 기회를 포기하고 만다. 그래서 나는 꼭 강조한다.

"말할 내용이 기억되기란 매우 적은 비율이니 일단 시작해도 좋다."

시각과 청각만 준비해줘도 말한 내용은 저절로 살아난다는 뜻이다. 여기서 말하고 싶은 시각적인 요소의 보편적으로 판단하는 예쁘다, 잘 생겼다, 못생겼다 등등의 기준을 정하려는 게 아니다. 물론 이것을 돋보이도록 노력하는 무언가도 중요하다. 하지만 그 기준을 벗어나 당당한 사람, 밝은 사람, 상냥한 사람 등등의 이미지를 만들어 줄 수 있는 것이 스피치의 5짓이다. 그 중요성에 대해 짚어 봐야 한다.

말할 때 손을 많이 움직이는 사람이 묻는다.

"제가 너무 움직이는 것 같아서 산만하게 느껴진대요. 잘못하고 있는 건가요?"

그의 물음에 나는 이렇게 답한다.

"가지가 많은 나무와 가지가 없는 나무가 있어요. 어떤 나무를 더 멋지게 가꾸는 데 수월할까요?"

"가지가 많은 나무요!"

"맞습니다. 가지가 많으면 맘에 들도록 쳐주면 됩니다. 그런데 가지가 적은 나무는 잔가지들이 나올 때까지 기다려야죠. 손을 많이 움직인다면 안 움직이는 사람보다 더 많은 성장 가능성이 있습니다."

손을 사용하지 않는 사람을 움직이게 하기까지는 오랜 시간이 걸린다. 그리고 움직이기 시작할 때도 상당히 어색해 보인다. 그럼에도 하길 바란다. 로봇처럼 힘이 들어갔어도, 산만하게 휘젓더라도 움직이는 게 답이다.

손이 활발하게 움직일수록 뇌도 활발하게 움직인다. 살펴보라.

말 잘하는 사람들은 손을 유난히 잘 사용한다.

나는 무조건 움직이게 만들고 싶다. 그리고 추후의 할 일은 디테일의 차이를 잡아주면 된다. 손에 힘을 주고 부여잡고만 있었다면 힘을 빼고 손을 풀자. 허리 위쪽에서 자신의 손을 움직이는 것에 신경 쓰며 말을 이어가 보자. 손바닥은 긍정적인 효과를 보여준다는 연구 결과가 있다. 그러니 손등보다는 손바닥을 보이는 연습도 해본다. 손의 동작에 따라서 말의 뉘앙스도 비슷하게 나온다. 삿대질을 하면 말의 뉘앙스도 격양되고, 손등을 보이며 휘휘 저으며 가라고 하면 역시나 겸손하지 않게 말의 뉘앙스가 풍긴다. 손을 말의 운율에 따라 부드럽게 움직여줘야 한다.

청중 앞에 서면 손도 묶이지만 발은 더욱 "꼼짝하지 마!"가 된다.

발표석에서 한발도 안 움직이거나 살짝 움직인다는 것이 짝다리를 짚어가는 행위만 반복한다. 부끄러움에 몸서리치고 있음을 발로 모두 드러내는 이들이 꽤 많다. 무대 중앙으로 불렀는데도 자꾸 구석 자리로 옮겨 가는 사람도 있다. 발짓을 잘못 사용하는 모습들이다. 분명히 자신의 발인데 누군가가 보는 가운데 발을 움직이는 것은 어려운 일이다.

청중들은 말하고 있는 사람의 움직임에 따라서 시선도 따라간다.

생각해보자. 그 어떤 미모의 여성이 강연을 한다고 하더라도 한자리에 계속 서서 말을 한다면 고정 시선이 되어서 금세 지루해질 것이다. 살짝만 움직여줘도 시선을 움직이게 하니 청중을 능동적으로 만들어 줄 수 있다. 청중의 시선을 능동적으로 만들어 줄 수 있는 작은 발짓임을 잊지 말자.

"눈빛만 봐도 알 수 있잖아."

어떤 노래 가사다. 굳이 말하지 않아도 눈만 봐도 느껴지는 게 많다. 눈앞에 보이는 사랑하는 연인들의 눈빛만으로 그들의 애정도와 만난 지 얼마 안 된 사실까지도 우리는 알아차릴 수 있다. 반면 싸운 연인인지도 레이저를 쏘고 있는 눈짓으로 알 수 있다. 눈은 많은 말을 하고 있다.

학창시절 바바리맨이라 불리는 남성을 본 적이 있다. 먼발치에서도 게슴츠레한 눈은 이내 '저 남성이 이상한 상상을 하고 있구나!' 하며 줄행랑을 친 적이 있다.

열정 가득한 강사의 눈빛은 다르다. 이글이글 불타듯 빛나는 눈빛을 청중을 향해 보내고 있을 것이다. 이 모든 상황들은 말하지 않아도 우리가 직감적으로 눈에서 알 수 있다. 청중 앞에 섰을 때 이러한 눈을 적정하게 사용해준다면 얼마나 좋겠는가.

청중의 눈을 피하려고 땅바닥을, 천장을 보는 이들, 안경을 벗고 나오는 이들, 교수만 바라보고 말하는 이들을 많이 봐왔다. 거울을 잠시 보며 자신의 눈을 살펴보자. 이후 주변에 사람이 있다 생각하고 한 사람 한 사람 눈을 맞추듯 지나가 보자.

조금 더 나아가서 한 문장을 말하는 동안 한 사람을 향해 있은 후 다음 문장을 말하려 할 때는 다음 사람으로 넘어가는 연습을 하자. 말을 멈추고 있을 때는 전체 청중을 골고루 휙 지나치면서 봐준다면 더욱 효과적이다.

눈짓이 편파적이지 않았음을 청중에게 인식시켜 줄 수 있다.

극도의 긴장을 하면 몸에서 가장 먼저 반응하는 곳이 목과 어깨의 근육들이다. 급기야 근육이 뭉친다. 그러니 말을 하는데 목은 이내 뻣뻣해진다. 말하기에 앞서 목을 흔들어 본다. 그러면 저절로 얼굴은 움직인다. 목을 움직여 줘야 얼굴의 방향도 길을 잃지 않는다. 얼굴의 오른쪽 왼쪽 정면을 향하게 하는 중심축은 목이다. 그래서 목짓의 사용을 위해서는 근육을 이완시켜줘야 한다. 맞장구를 치는 장면을 떠올려 보자. 손바닥을 마주치게 하는 동시에 목도 살짝살짝 흔들어 준다면 제대로 맞장구치는 느낌을 줄 수 있다.

스피치의 5짓 중 마지막 몸짓이다. 쉽게 말해 몸통의 움직임이다.

발도 손도 안 움직이는 데다 몸도 일자로 두고 서 있다면 마치 마네킹이 입만 움직이는 것과 무엇이 다르랴. 몸통을 앞으로 살짝 기울여 주면 상대는 '자신에게 관심이 있나?'라는 생각을 한다. 실제로도 관심이 가는 상대에게는 자꾸 몸이 기울게 되어 있다. 그러니 몸짓을 청중 쪽으로 살짝 기울였다 다시 제자리로 돌려놓기를 반복하자. 좌·우를 몸짓, 눈짓과 함께 하나 되어서 움직여주자. 분명 눈짓과 목이 몸짓 덕분에 훨씬 자연스럽게 보일 것이다.

눈만 간다거나 목만 돌린다고 생각해보라. 얼마나 부자연스럽겠는가! 몸짓이 되려면 몸통이 유연해야 한다. 몸통이 유연하려면 골반이 중심축이 되어서 든든하게 받쳐줘야 한다.

이 모든 동작들을 반복적으로 연습해서 자신의 것으로 소화해야 한다. 완전히 소화했다는 것은 작은 디테일의 차이로 전문가와 비전문가의 차이로 나뉜다. 청중의 시선이 스피치의 5짓에 집중되어 있다면 그것은 완전히 내 것이 되어 있지 않은 것이다. 눈치채지 못하도록 하되 청중의 시선을 자연스럽게 옮겨갈 수 있는 부드러운 움직임이 바로 전문가다운 굿 스피커로 탈바꿈시켜줄 거라 믿는다. 몇 번의 움직임일 경우에는 잔뜩 힘이 들어갈 것이다. 이후 힘을 빼는 것에 집중하면 된다.

나의 스피치에 사람들의 눈과 귀가 집중할 수 있도록 인공호흡을 해주듯 스피치의 5짓을 실행해보자.

강하게, 약하게, 멈춤의 적정한 믹싱

요즘 방송가는 셰프들의 전성시대다. 요리의 실력도 실력이지만, 요리를 더욱 빛나게 해주는 것이 있다. 셰프가 요리에 설명을 더해주면 맛있게 보인다. 시청자가 맛볼 수 없기에 거의 모든 것은 말을 듣고 판단할 수밖에 없다. 맛을 상상하게 만들어 주는 말의 힘이 발휘되는 순간이다.

라면을 끓이는 방법을 소개하는 방식을 잠시 떠올려 보자.

〈물이 팔팔 끓을 때 스프를 먼저 솔솔 뿌려준다. 살짝 더 끓인 후 면을 반으로 툭 하고 자른다. 그리고 냄비 속으로 풍덩 넣어줍니다. 이때부터 시간이 중요한데요. 대략 4분을 생각하시면 됩니다. 4분이 되기 바로 직전, 파를 송송송 썰어서 살포시 뿌려줍니다. 양파도 듬성듬성 썰어서 함께 투척해주면 더 풍성한 맛을 느낄 수 있죠. 매운 것을 좋아하시는 분은 이때, 청양고추를 쫑쫑쫑 썰어서 흩뿌려 주면 안성맞춤입니다. 매콤한 향이 살짝 코를 자극할 즈음 완성되는데요

먼저 국물로 입안을 촉촉하게 적셔줍니다. 면이 부드럽게 미끄러질 수 있도록 만들어준다고 생각하는 거죠. 그리고 후루룩 면발을 빨아들이면, 그 맛이 최곱니다!〉

음식을 표현하는 방식엔 유난히 의태어, 의성어가 많이 들어간다. 이러한 표현들을 한 톤으로 말할 때와 강, 약, 멈춤을 살릴 때의 상태는 확연히 다르다. 앞에 라면은 없지만, 머릿속에서 이미 라면을 끓여서 먹고 있는 장면을 떠올릴 수 있게 하는 것이 바로 요리방송을 진행하는 셰프의 솜씨이다. 말 속에 음식이 들어있는 것이다.

의태어, 의성어를 양념처럼 제대로 살려주면 요리가 다르게 느껴진다.

라면 끓이는 방법의 예문을 말로 표현해보자. 자신의 말이 일정한 톤이라면 상상하기를 포기하게 만든다. 반면 강하게 약하게 멈춤을 적절히 믹싱해준다면 입안에서 군침이 솟을 수 있게 만든다.

연습하면서 자신의 목소리를 듣고 직접 느껴 보면 좋겠다. 간단하게 그 어떤 도구 없이 두 손만으로 목소리를 들을 수 있다. 한 손을 반쯤 동그랗게 해서 입을 귀 방향으로 감싼다. 다른 한 손도 반쯤 동그랗게 해서 귀를 입방향으로 감싼다. 그리고 예문을 읽으면서 연습해보자.

무조건 강하게, 무조건 약하게, 잦은 멈춤이 아니라 적정한 믹싱이 필요하

다. 음식에도 소금, 설탕들이 적절하게 들어가야 맛이 나는 것처럼, 스피치도 마찬가지다.

방송가를 주름잡는 셰프들(빅마마 이혜정, 백선생 백종원 등등)을 떠올려 보면 더 쉽게 이해할 수 있을 것이다. 가장 초보적이면서 쉽게 따라 할 수 있는 말의 강약 멈춤의 실습서는 요리하는 방법을 입에 많이 올려보는 것이다. 의태어와 의성어를 적절하게 믹싱하여 표현해 보자. 지금껏 약하게 표현했다면 의식적으로 과하게 표현하는 연습을 권한다.

예문에서 발췌해보면, 팔팔, 솔솔, 툭, 풍덩, 송송송, 살포시, 듬성듬성, 촉촉하게, 후루룩 등등의 말은 식감을 살려준다.

[5]
차례로 큰 틀 속에 있었던 단어를 떠올리며 그림을 그려라

방송국 신입사원 때 방송 대본을 받고 틀리지 않은 채 그대로 전해야만 한다는 생각이 강했다. 글자 한 자라도 틀리면 큰 일 나는 줄 알았다. 학창시절 암기 방식이 딱 그러했다. 딱히 '말을 하기 위해 암기'할 기회들은 거의 없었다.

시를 암기한 기억이 있다. 시 구절은 그대로 외워야 하는 게 맞다. 그리고 시험을 준비하면서 출제된 문제를 맞추기 위한 정답을 암기했다. 글을 머릿속에 기억하는 훈련은 이것이 전부였다.

그러기에 말을 위한 암기를 제대로 해본 적이 없었다. 어느 누군가가 말을 위한 암기의 방식을 일러준 적도 없었다. 발표할 기회가 있다면 문자화된 것을 그대로 외워서 해야 한다고 몸과 머리가 기억하고 있었나 보다.

방송 대본을 소화하는 방법을 스스로 터득해 가며 느꼈다. 쓰여진 글을 그대로 말로 옮기려는 강박관념에서 벗어나는 것이 얼마나 중요한지를….

대본을 자기식으로 소화해서 말로 표현해야 하는데 우리는 그런 훈련이 많이 부족했다. 그래서 스피치 수업 중 발표를 하는 학생들을 보면 자기소개마저 써온 종이에 의존한다. 말할 내용을 적어 온 종이가 손에 없으면 불안해서 말을 잇지 못하기도 한다. 자신을 소개하는 내용은 그 누구보다 자신이 잘 알고 있음에도 종이에 적힌 내용이 눈앞에 없으면 말을 꺼내지 못한다.

마치 시를 외우듯 단어 하나 틀리면 큰일 날 것 같은 불안감이 감돈다. 이런 불안감 증상이 말을 스타카토처럼 뚝뚝 끊기게 해서 전달 내용은 매끄럽지 않게 된다. 듣는 이도 몰입할 수 없게 만든다. 자연스러움을 찾아볼 수 없다.

나의 신입 시절 방송 진행은 누가 봐도 "신입이 외워서 하는구먼…."라는 느낌이었을 것이다. 작가의 대본을 그대로 전하려 하니 진행은 딱딱하고 자연스럽지 않았다. 오로지 틀리지 않으려 했던 것에 집중했다.

틀리는 것보다 더 중요하게 신경 써야 할 것은 자연스러움이다. 방송 경력이 쌓이면서 스스로 터득한 새로운 암기 방식이 자연스러운 말하기를 만들어냈다. 자연스럽게 말을 하기 위한 암기가 이뤄져야 한다.

말할 내용을 글로 옮겼다면

첫 번째, 글의 핵심이 무엇인지 파악해 보자.

두 번째, 전하고자 하는 내용들의 단락들을 나눠보자.

예를 들어 〈인사—서론—본론—결론—마무리 인사〉 순서로 큰 틀의 공간을 머릿속에 설정해 준다.

세 번째, 인사에 해당되는 핵심 단어들을 뽑는다. 그 단어를 떠올리면서 연상되는 이야기를 연결 고리처럼 이끌어 가본다. 그러면 그 핵심 단어를 떠올리면 자동으로 이야기들은 펼쳐진다.

순차적으로 이렇게 큰 틀 속에 있었던 단어들을 뽑아내는 작업을 반복적으로 해본다. 떠올릴 중요 단어를 펜으로 표시해 나가는 것도 하나의 방법이다. 그리고 그 단어들만 뽑아서 적어 보고 설계도처럼 화살표로 방향 제시를 해가며 그림을 그려간다. 몇 번의 그림이 그려지면 종이와 펜을 모두 치워본다. 어떤 것에도 의존하지 않고 자기를 믿어야 하는 순간이 바로 암기한 단어들을 쏟아낼 때이다.

물론 처음 몇 번은 자꾸 적어 놓은 종이를 곁눈질하려 할 것이다. 문자화된 종이에 의존하지 말고, 자신의 머릿속 설계도에 의존해야 한다. 생생하게 그려내려고 집중해서 그 상황을 말로 표현하려 한다면 듣는 이의 집중도도 높일 수 있다. 이런 과정을 여러 차례 반복한다면 문자화된 것을 '내식대로 말하는 암기 소화력'은 폭풍 성장할 것이다.

이것만은 꼭 기억하자.

"그대로 외우지 말자! 틀려도 된다. 핵심은 살리고 내식대로 말할 수 있다."

말하기에 정답을 만들어 두지 말자. 우린 늘 정답은 문자화된 종이에 있다고 착각한다. 그런 착각이 자신의 이야기를 구성하고 암기하는 데 큰 방해가 되곤 한다.

말할 내용 치고 빠지기 그러나 중심은 바로 서야 한다

많은 사람들이 발표를 왜 안 하느냐고 물으면, 하고는 싶은데 말할 내용이 없다고 고백한다. 자신도 하고 싶은데 특별한 일이 없어서 꺼낼 이야기도 없단다. 그러나 막상 그들을 지속적으로 가르치다 보면 그들에게는 말할 내용이 없었던 것이 아니다. 단지 찾지 못하고 어떻게 구성해야 하는지 몰라서였던 것이다.

같은 현상을 보고 겪어도 그것을 이야기로 풀어내는 못하는 사람이 있는 반면 흥미진진하게 이야기를 풀어내는 사람이 있다.

주변에 말할 내용이 풍부한 이들을 보면 공통점이 있다.

바로 직전에 있었던 이야기들로 시작한다. 그래서 상대방의 공감대를 형성해낸다.

할 말이 없다고 하는 이들은 자신에게 커다란 사건이 있어야만 할 말이 있다고 여긴다. 그래서 쉽게 말문을 열지 못한다.

바로 직전에 보고 느낀 이야기들로 시작해보자. 예를 들어 조금 전 화장실 다녀온 이야기라든가, 복도에서 마주친 사람, 강의실에 걸려 있는 문구에 관련된 자신의 생각 정도로 시작해도 좋다.

시작에서부터 뭔가 논리적이고 거창한 이야기로 시작해야 한다는 부담을 내려놓으면 도움이 될 것이다.

여기서 유의할 점은 듣는 이가 공감할 수 있는 이야기들을 선택하고 집중해서 찾아야 한다. 학생들에게 육아에 관련된 이야기를 자꾸 꺼내면 아무리 재밌는 이야기라도 집중시키기 어렵다.

듣는 이들이 무슨 연결고리로 모였는지를 떠올려본다. 그리고 그것과 관련된 자신의 경험을 선택한다. 선택했다면 그 내용을 구체적으로 상상할 수 있게 전달하고 바로 그다음 이야기로 넘어가야 한다.

이야기에서 빠져나올 땐 과감하게 빠져나와야 하는데 계속 미적거리면 듣는 이들은 점점 집중력이 떨어진다. 듣고 있는 순간 다른 것을 비교 분석 평가하지 않고 말하는 이와 함께 호흡할 수 있도록 짧고도 디테일하게 치고 빠져나올 수 있어야 한다. 하나의 이야기를 길게 늘이지 않도록 한다.

수많은 이야기들 중 가장 생생하게 몰입하며 전달할 수 있는 것은 바로 자신이 경험한 이야기다. 그래서 항상 이야기를 찾을 때는 자신에게서 먼저 출발하는 것이 좋다. 물론 줄곧 자기 이야기만 하면 이 또한 신선하지 않게 느껴진다. 말할 내용도 적절한 믹스앤 매치가 필요하다.

나의 이야기 + 실증된 자료, 위인이나 유명인의 이야기 + 남의 이야기 등을 믹싱시켜 보자.

단순히 한가지 이야기보다 여러 정보를 제공해주는 듯한 느낌을 주는 것이 좋다.

요즘 TV 속 예능 토크쇼를 보면 흔히 이러한 구조로 이야기를 전개해 나간다. 어느 한 사람이 혼자 이야기하는 것이 아닌 여러 사람이 돌아가며 쉴 새 없이 이야기를 섞는다. 거기다 화면엔 자막으로 피디가 끼어들어서 마치 시청자처럼, 때론 피디처럼, 때론 진행자처럼 표현해준다. 이렇게 쉴 새 없이 말과 자막이 돌아가니 보고 있는 시청자는 다른 생각할 겨를 없이 그냥 그 토크에 빠져들게 된다. 그 순간 몰입시켰다는 것만으로도 충분히 성공한 이야기 구조를 갖추고 있다.

하나의 이야기를 길게 늘이며 말했다면, 이제는 찰나의 이야기를 뽑아내자.

정리해보자면, 듣는 상대를 파악한 후 첫 시작은 가벼운 이야기들로 시작한다. 말하기 초보자여도 생생하게 살아 있는 느낌을 실을 수 있는 안성맞춤 이야기는 자신이 경험한 이야기다. 그것을 바탕으로 믹스앤매치 할 수 있는 짧은 이야기들을 끌어들인다. 누구나 알 수 있는 사람의 이야기나, 연구된 자료들, 지인들의 비슷한 이야기들을 살짝 섞어준다.

그 어떤 좋은 이야기라도 길게 늘이면 집중도는 떨어진다. 최대한 구체적이면서도 짧게 전하고 빠지는 것을 반복적으로 한다. 나는 이것을 '치고 빠지기'라 이름 붙여서 설명하곤 한다.

치고 빠질 때 중요한 것은 본래 전하고자 했던 메시지를 잊어서는 안 되며 다시 돌아갈 수 있어야 한다는 것이다. 치고 빠지지 못해 늪에서 허우적대는 발표자가 있는가 하면, 치고 빠지기만 여러 번 하다가 정작 길을 잃어버리는 발표자도 있다.

치고 빠지는 순간에도 중심은 바로 서야 한다. 정확히 전하고자 하는 메시지로 다시 돌아가는 것이 자연스럽다면 듣는 이는 안정을 느끼면서 뭔가 모르는 완성도 있는 이야기를 전해 들었다고 생각한다.

말할 내용을 찾을 준비가 됐다면, 머뭇거리지 말고 지금 당장 그 자리에서 찾자. 경험이 쌓이고 쌓이면 말할 재료들 덕분에 어떤 장소와 청중을 마주해도 든든한 순간을 경험하게 될 것이다.

시작이 반, 어떻게 출발 분위기를 만드느냐가 중요하다

결국은 청중 앞에서 말하는 자신의 몸과 마음을 풀어 주는 단계라 할 수 있다. 이 부분만 조금 더 충실히 준비한다면 뒤는 그냥 따라오는 경우를 경험하게 될 것이다.

시나리오에 없는 나만의 색깔을 담은 인사 멘트를 준비할 때와 그냥 시나리오대로 시작하는 느낌은 확연히 다르다. 그래서 나는 청중 대상과 행사의 의미를 살린 오프닝을 항상 생각한다. 진행 원고를 받으면 그것을 숙지하기에 바빴던 나였다. 그런데 어떻게 하면 청중의 분위기를 집중시키고 자신만의 색깔을 담을 수 있을까를 고민하니 적절한 최고의 타이밍은 바로 시작하는 시점이었다. 그 짧은 순간은 마이크 잡은 사람이 얼마든지 쥐락펴락할 수 있는 기회다. 얼어 있던 자신의 마음을 풀어줄 수 있는 중요한 순간이다. 그 찰나를 무심코 지나쳤던 당신이라면 준비해 둔 오프닝 멘트로 전과는 다른 자신의 스피치 실력을 느낄 수 있을 것이다.

많은 의미를 담으려다 자칫 길어질 수 있다. 무엇보다 간략해야 한다. 함께 따라 할 수 있는 것을 만들어서 집중시킨다. 청중이 모인 이유를 고려해야 한다. 전혀 관련 없는 내용이라면 열심히 준비했어도 분위기가 애매해질 수도 있다.

〈 박근아의 실전 오프닝 멘트 예문 모음 〉

자원봉사센터 신년 인사회 오프닝 멘트

지난해는 내가 아닌 다른 사람을 위해 따뜻함을 전하느라 바쁘셨죠?

그러다 보면 정작 자신을 위한 시간은 소홀했으리라 여겨집니다.

특히 이곳에 계시는 분들은 더더욱 그러실 겁니다.

오늘만큼은 누구를 위함이 아닌 자신을 위한 시간을 보내셨으면 합니다.

주인공이 되는 것이 다소 어색하실 줄 압니다. 하지만 늘 누구를 위해 움직이셨다면 오늘은 마음껏 스스로를 위한 시간으로 누리시길 바랍니다.

분명 그렇게 시간을 보낸 여러분은 이후에 더 큰 온정의 손길을 보낼 거라 생각되는데요.

그런 의미에서 잠시 저를 따라 해 주시면 어떨까요….

제가 "더 따뜻하게" 선창하면 "나를 사랑해"라고 후창해 주시면 좋겠습니다.

"더 따뜻하게"

"나를 사랑해"

역시 마음 밭이 좋은 분들로 가득해서인지 금세 따뜻하게 느껴집니다. 고맙습니다.

자랑스런 자신을 위해서 박수 한 번 주시죠.

장애인 화합의 장 오프닝 멘트

따뜻함이 박수 소리에 실려 오는 게 느껴집니다. 여러분 즐거우세요?

"네."

이 자리 오면서 떠오르는 한 사람이 있었습니다.

여러분도 아주 잘 알고 있는 여성이죠, 헬렌 켈러.

그녀가 시각, 청각, 언어 장애를 갖고 있었다는 것도 아실 겁니다. 그분이 남긴 말이 있어 소개할게요 "태양을 보고 가라."

아마도 그 밑에 드리워진 그림자는 생각하지도 보지도 말고 앞에 보이는 밝은 희망을 보라는 의미가 아닐까 싶습니다.

이미 여러분도 그렇게 가고 있기에 이 자리에 모이지 않았을까 싶습니다.

따뜻한 마음으로 모이신 여러분!

제가 "태양을 보고"하면 "함께 가자"라고 외쳐주시면 어떨까요?

그렇게 해주신다면 오늘 아주 멋진 행사 진행을 할 수 있을 것 같습니다.

자, "태양을 보고"

"함께 가자"

진심으로 고맙습니다.

가상의 순간이 아닌 실제 그 현장에서 느낀 감정들을 말로 꺼내는 연습을 해보자! 현장 분위기와 맞아떨어지는 적절한 멘트는 살아 숨 쉬는 말로 청중의 귀와 가슴에 전달될 것이다.

3장

오롯이
"나는 소중해"

1

마음의 때, 정기적으로 필터링!

물병 뚜껑 안쪽 촘촘한 사이에 낀 때를 빼는 일이 생각보다 쉽지 않다. 이것저것 도구를 동원하고 손가락을 휘휘 저어 봐도 꼼짝 안 한다. 빼긴 빼야겠는데 하며 여러 번 방치하기 일쑤였다. 그러던 어느 날 도저히 눈에 거슬려서 안 되겠다 싶어 다시 한 번 도전해봤다. 자주 손이 가는 물병 뚜껑이라 더욱 신경이 쓰였다. 멀리서 보면 잘 보이지 않기에 내가 그것을 빼보겠노라 집중하고 있는 모습이 이상해 보일 수도 있었다. 주위를 살펴보니 도구 하나가 눈에 들어왔다. 아이의 콧물을 입으로 힘껏 흡입해서 빨아주는 도구가 있다. 거기 달려 있는 아주 얇은 솔이다. 관심두지 않았던 얇은 솔의 존재가 대단히 크게 느껴지는 순간이었다. 불필요할 것 같다는 생각에 버리려 했던 것이다. 가느다랗고 얇은 솔의 쓰임새는 아주 훌륭했다. 살짝 한 번 틈새를 지나갔을 뿐인데 때가 싹 사라지는 게 아닌가….

내친김에 다른 주방 도구들에 낀 때가 또 있나 찾기 시작했다. 찾아보니 그냥 지나쳤던 가위 손잡이의 때도 보였고, 믹서기 뚜껑도 보였다. 혼자 신기해하며 왜 일찍이 이것을 몰랐을까 하는 생각으로 속이 다 후련해졌다. 물병엔 늘 깨끗한 물을 채워 넣는데도 그 뚜껑이나 바닥에는 왜 물때가 끼는 것일까. 그저 물만 담긴 물병인데 말이다. 사실은 깨끗하다는 이유로 우리는 어쩌면 물병을 자세히 안 보고 지나치는 건 아닌가 싶다.

물때를 빼면서 삶의 물때도 떠올려 본다.

나는 괜찮다. 아무 문제 없다 여기며 그냥 지나치듯 내버려 두고 있진 않은지…. 그러다 어느 날 전혀 문제가 없을 거라고 생각했던 문제가 나타난다면 예상하지 못했기에 해결할 방법도 찾지 못한다. 도대체 무엇으로 해결할 수 있단 말인가. '에잇! 그냥 내버려 두자. 뭐 이걸 해결한다고 인생이 크게 달라지나? 그렇지도 않을 것인데 굳이 찾을 필요도 없다.'라고 생각한다.

정말 신기하게도 미세한 곳에 쌓인 때를 보는 마음, 빼는 방법도 우리의 삶과 많이 닮았다.

내버려두어도 살아가는 데 아무 지장 없다고 여기는 우리의 마음 상태 말이다. 그런데 자세히 들여다보면 빼긴 빼야 하는 오래 묵은 때들이다.

살면서 아무 이상 없는 사람이 어디 있겠는가….

단, 그냥 살지 않는 사람과 그냥 살아가는 사람으로 나뉘는 것 같다.

그냥 살지 않는 사람들은 주로 삶이 행복하다 말한다. 자신을 꾸준히 체크하고 정비하는 사람이다. 반면 그냥 살아가는 사람들은 그런 모든 과정을 귀찮게 여긴다. 찾으려 하지 않는다. 혹여 방법이 있어도 의심부터 하거나 자신과는 맞지 않는다고 단정 짓는다. 해보려 시도조차 않는다.

그러나 자신도 모르게 빵하고 터지는 순간이 있다. 찌든 때가 있는 것을 자신만 모르는 순간이다. 주변인들은 알면서 슬슬 피하는 데 말이다. 정작 당사자만 모를 뿐이다. 이미 내 안에 붙어버린 삶의 찌든 때들이기에 보질 못한다.

가족들이, 직장 동료들이 왜 나만 갖고 그러는 걸까. 억울하다고 소리치는 한 여성을 봤다. 그 여성의 말투며 인상이 변해버린 상태였다. 조금만 더 일찍 자신의 마음을 챙기고 수시로 마음의 때를 뺐더라면 하는 아쉬움이 보였다. 그래서 물었다.

"혹시 웃음이 많았던 적이 있었나요?"

"네, 있었죠."

"그게 언제였나요?"

그녀는 아주 오래전이었다 말하며 잠시 생각에 잠겼다. 자신에게도 그런 시절이 있었구나 싶어 의아해하는 표정이다. 까마득히 오래전 일이라고 말하는 모습에 나는 그녀를 진심으로 돕고 싶은 마음이 들었다.

언제부터인지 그녀는 웃음을 잃은 지도 모르고 달려온 것이다. 그리고 어느새 그게 당연한 자기의 모습이라고 생각하며 살았던 것이다.

웃음을 되찾게 해주고 싶었다. 그래서 괜찮다면 정기적으로 강연을 들으러 오라 했다. 여기서 중요한 것은 '정기적'이라는 것이다. 한 번 웃고 끝내면 금세 이전으로 돌아가 버린다.

한동안은 이렇게 그녀와 함께 했다. 놀랍게도 어느덧 그녀 주변에 사람들이 몰려들기 시작했다. 그녀를 피하던 가족도 직장 동료들도 이젠 자신을 대하는 게 완전히 달라졌다 말한다. 마음속 때를 청소하다 보니 본래의 자기 모습을 찾을 수 있었다. 그녀는 쌓인 때를 벗겨내는 방법을 스스로 터득하는 힘이 생겼다.

　삶의 물때는 생각보다 자주 낀다. 그것을 수시로 빼주는 사람은 생기가 있다. 빼주는 방법은 멀리 있지 않다.

　내가 물병에 낀 때를 없애기 위해 여러 방법 중 아주 작고 가느다란 작은 솔을 찾았듯이 삶의 물때를 청소하는 것도 뜻밖에 가까운 곳에 있을 수 있다. 마음만 먹고 찾으려 한다면 바로 옆에 숨 쉬고 있을지 모른다.

　그것은 우연히 본 TV 프로그램에서, 책에서, 친구에게서, 특강에서 찾아내기도 한다. 찾으려 마음만 먹으면 분명 내게 맞는 방법들이 있을 거라 믿는다. 정기적으로 두리번두리번 내 삶도 들여다보고, 마음속 때 빼는 방법도 찾아보길 권한다. 별거 아니라고 마음의 문제들을 내버려두지 않길 바란다.

2

휘어진 소나무처럼

가은아 고생했어~~. 우리 가은이가 제일 예쁘고 멋졌다더라.

이모가 요즘 소나무를 자세히 알게 될 일이 있었는데, 곧게 뻗은 소나무는 멋이 없어서 사람들의 감탄을 받기 어렵대. 그러니 값도 저렴하다는구나.

반면 굴곡이 많고 휘어진 소나무는 그 자체가 감동인 거지. 그래서 당연히 비쌀 수밖에 없대.

그것은 오랜 시간 모진 비바람과 눈보라를 이겨낸 소나무 모습에 경이로움을 느꼈기 때문 아니겠니. 지나온 굴곡만큼 그 자태도 아름답게 보이는 것은 많은 것을 겪었기 때문이지.

우리 가은이에게 어제의 탈락은 더욱더 멋진 가은이를 만들기 위함이라고 이모는 생각해.

우리 가은이에겐 하나의 멋진 굴곡이 생긴 거야. 이런 일이 생겨날수록 할 이야기도 많아지게 될 거야. 곧게 뻗어 가기만 하면 재미도 멋도 없어^^.

가은아 이모를 생각해 보렴.

이모는 끊임없이 두드리고 부딪혀서 얻어낸단다. 자존심이 상할 때도 많지만, 이모가 하고 싶은 일이니 그건 아무 문제가 안 되더라. 주변의 시선도 대충 생략하게 되고. 내 꿈을 바라보며 목표를 향해 간다는 것은 정말 즐거운 일이거든. 그 외 다른 일들은 충분히 생략해도 좋을 만큼 말이야.

가은이는 어제 충분히 모든 가족을 설레게 하는 기쁨을 줬어. 그런 기쁨 아무나 줄 수 있는 게 아니란다. 네가 그만큼 꿈을 열망했기에 설렘이라는 귀한 선물을 안겨준 것이야. 정말 잘했어. 이것을 발판으로 한 걸음 더 나아가렴. 목표를 향해 나아가다 보면 좌절하고, 눈물 나는 일들이 많을 거야. 그러다 보면 진짜 아름다운 가수의 꿈을 이룬 가은이가 되어 있을 거라 믿어.

조카의 꿈은 가수다. 가수 입문을 앞둔 최종 오디션이었다. 순위권에 들면 1년 모델 활동하고 가수 연습생이 되는 자리였다. 최종 오디션 테스트까지 가는 길 또한 쉽지 않았다. 내 조카 가은이는 초등학교 6학년부터 꾸준히 가수의 문을 두드렸고, 숱한 오디션을 거쳤다. 길거리 캐스팅 제의도 많았다. 그러다 대형 기획사 최종 오디션까지 가게 된 날이었다. 가족 모두가 응원하고 들떠 있었다. 나는 발표 소식을 멀리서 초조해하며 기다렸다. 그런데 탈락했다는 문자를 받았다.

희소식을 기다리던 내 마음도 이렇게 허탈한데, 가은이의 마음은 얼마나 더 아플지 걱정됐다. 어떤 말로 위로할 수 있을까 생각하던 차에 문득 며칠 전 본 소나무가 떠올랐다.

소나무를 보면서 나를 투영하기도 했던 그 찰나가 기억나서 위로의 문자를 보냈다. 오디션 당일엔 그 어떤 위로도 들리지 않을 것 같았다. 그래서 다음 날 아침 문자를 보내고, 바로 답장을 받았다.

이모 고마워. 어제 많은 것을 얻은 것 같아! 나도 이모처럼 열심히 노력해서 나중에 좋은 결과가 나오도록 노력할게. 이모 좋은 말 해줘서 감사해^^.

'이모처럼'이라는 말에 살짝 뭉클했다. 조카가 알고 있을까? 나의 숱한 휘어짐을, 그리고 앞으로 휘어질 것을 알고 '이모처럼'이란 말을 했을까.

휘어짐이 많을수록 할 이야기들이 많아지는 게 사실이다. 그래서 첫 번째 책도 쓸 수 있었다. 그 이외에도 숱하게 전하고 싶은 이야기들이 나의 메모장에는 가득하다. 인생 전체를 봤을 때 크게 휘어진 사건들도 있었지만, 디테일하게는 하루에도 열두 번도 더 휘어지기를 반복하는 것 같다. 굵게 휘어진 사건들이 더 기억에서 뽑아내기 쉽다.

시골 중학교에서 1, 2등을 다투던 내가 도시 고등학교로 진학해서 본 첫 시험은 나에게는 충격적인 첫 휘어짐이었다. 낭떠러지에서 누군가 나를 예고 없이 그냥 밀어버린 듯했다. 성적을 받아 들고 난 혼란스러웠다.

그때 현실을 인정했더라면 그래서 거기서 머물렀다면 나의 소나무 가지는 그 상태로 평탄한 모양을 유지하며 자랐을지도 모른다. 박차고 올라가려고 무던히도 애를 썼다. 책상 위에서 그대로 잠을 자야만 성적을 되찾을 수 있겠다는 일념으로 가득했다. 그러니 아침마다 코피를 쏟기 일쑤였다. 이런 나의 도시 진출기 성적표에 대한 에피소드는 곳곳의 강연장에서 시골 출신들을 공감시키기에 충분했다. 아니 내가 그들을 이해할 수 있는 소중한 휘어짐이다. 그렇게 휘어짐을 지나 곧게 뻗는 듯했다.

그러나 대학 수능은 내 인생 절체절명의 두 번째 휘어짐 사건이다. 그날 눈이 붓도록 펑펑 울었던 기억이 전부다. 밖을 나가기도 싫었고, 누구도 만나고 싶지 않았다. 수능 시험을 완전히 망쳤다. 문제지를 한없이 원망하다 나를 자책하는 것으로 이어졌다. 그런데 지나온 나의 노력이 아까워서 이대로 물러서고 싶지 않았다. 다시 뻗으려 안간힘을 썼다. 그러니 다른 길들이 내 앞에 펼쳐지기 시작했다.

아나운서 합격을 위해 시험에서 숱하게 떨어지는 순간들은 세 번째 휘어짐이었다. 그럴 때마다 지나온 휘어진 사건들로 위로받기도 했다. 어떤 식으로 훌훌 털고 일어나야 할지를 알아가고 있었다.

돌이켜보면 소중한 사건들이다. 내 앞에 괴물처럼 등장했던 휘어짐은 정말 많은 이들을 만나게 해주는 이야깃거리가 되고 있다. 곧게 뻗기만 했다면 얻을 수 없었던 이야기들이다. 탄탄대로였다면 많은 이들이 나의 이야기에 얼마나 귀 기울여 줬을지…. 내 말을 듣기 위해 귀한 공간과 시간을 흔쾌히 내줄 수 있었을까.

결국 나를 그렇게 아프게 했던 사건들은 시험이라는 무대에서 떨어질 때였다. 학교 성적, 대학 수능, 아나운서 시험이었다는 것을 뒤늦게 알았다. 시험대에서 평가받고 순위 밖이라는 통보는 좌절로 다가왔던 거다. 그 평가의 순위가 나라고 착각했었던 모양이다. 세상 속에 던져진 낙오자 같은 느낌, 하지만 그런 순간에도 자신을 낙오자라 스스로 도장 찍지만 않으면 된다. 그 숱한 휘어짐을 경험하며 나는 그 굴레에서 벗어나는 방법을 스스로 터득한 것이다.

어쩌면 조카뿐만 아니라 많은 젊은이들이 올랐다 떨어지기를 반복할 것이다. 난 그들이 떨어졌다고 인생을 송두리째 놓아버릴까 간혹 걱정도 되곤 한다. 일명 '막살기'로 가진 않을까 하고 말이다. 그럴 땐 조카에게 보낸 '소나무'의 메시지를 떠올려 보라 권하고 싶다.

곧게 뻗기만을 바라는 마음만 내려놓는다면, 살짝 휘고 있는 지금이 훨씬 매력 있고 멋진 일이 될 것이다. 이리저리 휘는 모양새가 쌓여서 장관을 이루는 소나무처럼 말이다.

터덕거리고 뻗지 않는다고 투덜거리지 않길 바란다. 주저앉지 않길 바란다. 이 값진 꿈을 향한 도전의 장이 언젠가 위용을 떨칠 때가 분명 올 것이라 믿는다. 비바람 세차게 맞고 햇볕에 말리는 시간이 필요하다. 따사로운 햇살에 바짝 말리듯 그 기운을 온 마음으로 받아들여 보자.

[3]
그래도 되는 사람과
그래서는 안 되는 사람

어지럽혀진 곳에 가면 쓰레기를 쉽게 버린다. 나 하나쯤 버린다고 뭐…. 어차피 지저분하니 괜찮겠지…. 그래도 되는 공간이라고 서슴없이 생각한다.

깨끗한 곳에 가면 잠시 주춤한다. 버리려던 쓰레기를 다시 주머니에 넣는다. 그곳에 버리면 흠이 될까 싶어서다. 뭔가 그래서는 안 되는 공간이라고 직감한다.

욕을 자주 하는 사람이 있다. 그 사람에게는 왠지 험한 말을 던져도 될 것 같다. 반면 바른말을 쓰는 사람이 있다. 그 사람에게는 험한 말을 쓰면 안 될 것 같다.

같은 사람임에도 비슷한 상황에 놓이면 이런 양분화된 심리가 작동하곤 한다.

어떤 학생은 자신이 왜 이렇게 싸움에 휘말리는지 도통 알 수 없다고 호소한다. 왜 자기 주변에만 이런 일이 자주 일어나는지 혼란스럽다고 한다.

"교수님 왜 저에게는 자꾸 안 좋은 일들만 일어날까요?"

"그래? 무슨 일이 있었는데?"

"오늘 아침에 택시를 타는데 어떤 아저씨가 시비를 거는 거예요. 그러더니 학교 오는 길에는 별로 친하지 않은 선배가 나에게 말을 거칠게 하고 지나가더라고요. 제가 뭘 잘못했다고…. 사람들은 제게 왜 이러는 걸까요?"

평소 그 학생을 눈여겨 봤던 터라 나는 충분히 이해 가는 상황들이었다. 그런데 정작 본인은 이러한 현상을 전혀 이해할 수 없다 한다. 지금껏 평탄한 적이 거의 없었다고까지 말한다. 그 학생은 평소 얼굴 표정도 대단히 난감할 정도로 찡그리며 다녔고, 평소 말투나 언어 선택도 좋지 않았다. 그냥 하던 대로 했는데 돌아오는 건 사건·사고다.

그 '하던 대로'가 문제였던 것이다.

이것을 바로 잡지 못하면 항상 이유를 밖에서 찾는다.

난 속으로 '그래 너 이번에 참 잘 토로했다. 나도 꼭 말해주고 싶었다.'라며 기회는 이때다 싶었다.

"평소에 너의 얼굴 표정이 어떠하다고 생각하니? 평소 쓰는 말투는? 언어습관은?"

멈칫멈칫하더니 "그리 뭐…. 썩 좋진 않아요." 한다.

"그래 바로 그거다. 그 느낌을 상대는 그대로 전해 받는다. 그래서 어쩌면 상대들은 네게 그렇게 해도 된다고 생각하는지 몰라. 너에게 말을 함부로 해도 상처받을 것 같지 않은 얼굴이고, 너부터 말을 곱게 하지 않으면서 남에게 고운 소리를 바라는 것은 욕심이지 않을까? 너에게 벌어지는 일들을 멈추고 싶다면 너부터 변해야 한다. 너의 얼굴을 온화한 인상으로 변화시키고, 말투나 어휘 선택도 바꾸어야만 이런 이유 없는 억울함이 밀려오지 않을 것이다."

실상 그 속마음이 여리고, 나쁜 행동도 특별히 하지 않았기에 얼마나 억울하고 답답할까 싶어 안타까웠다. 표정과 말로 손해를 보는 게 한두 가지가 아니었을 것이다.

자신만 이유를 모를 뿐 그 학생을 만난 이들은 알고 있었을 것이다. 그러니 자꾸 삶이 꼬여만 가는 기분이었을 거다. 깊이 있게 생각해보면 자신이 그런 모습이라는 것을 스스로 알고는 있다는 거였다. 내가 구체적으로 짚어서 물었을 때 "그리 뭐…. 썩 좋진 않아요." 했던 말이 증거다. 하지만 그게 이유일 거라고는 미처 생각하지 못했던 것이다.

나는 어느 순간 직업이 '아나운서'라고 붙으면서 신기하게 이런 말을 종종 듣는다. "아나운서라서 문자 보낼 때 엄청나게 신경이 쓰여요. 혹시 철자라도 틀릴까 싶어서 말이죠."

사람들은 막연하게 아나운서들은 한글 맞춤법을 다 알고 있을 거라는 생각을 하는 듯하다. 그러고 보니 나도 학창시절 그랬던 경험이 있었다. 현직 아나운서에게 메일을 보낼 때 쓰고 지우고를 반복하며 엄청나게 신경 썼던 일이 떠올랐다. 그리고 현재도 간혹 어려운 교수님들에게 편히 문자를 쓰지 못하는 나를 발견하곤 한다.

그 직업에서 풍겨지는 느낌은 분명 있는 듯하다. 아나운서라는 이미지는 정 갈하다. 지적이다. 바른말을 쓴다. 그래서 돌이켜보면 크게 부딪힐 일들이 없었던 것 같다. 풍기는 것도 있지만 실제로 그에 걸맞게 행동하고 변화하려 했던 영향이 더 컸었다.

상대가 생각하는 이미지가 그러하다면 실제 내 이미지도 그러해야 했기에 더 노력했다. 아나운서가 돼서 더 많이 웃으려 했고, 바른 생각을 바른말로 표현하려 했다. 생각해보면 그 결실이 현재의 나다.

주변을 둘러싸고 있는 이유 없는 억울함들이 그 옛날보다 많지 않음을 느낀다.

나의 표정이 환해지고, 고운 말투로 응대하니 나를 대하는 택시 아저씨도 친절하게 대해 주었고, 지나가는 선배 또한 미소를 지으며 손을 흔들어 주었다.

물론 예상치 않게 부당한 경우에 맞닥뜨린다면 정정당당하게 맞서야 한다. 그런데 괜한 이유 없이 자꾸 삶이 흐트러지는 일들이 잦다면 자신의 인상과 말투를 점검해 봐야 한다.

인간의 오묘한 심리 상태를 자신에게 대입해보면 억울한 상처를 줄이며 살아가는 방법이 보이기 시작한다.

상대를, 환경을 미처 알기도 전에 추측으로 대처하는 인간의 양분화된 묘한 심리가 분명 있다. 이것이 감지됐다면 내가 어떤 상대가 되어야 하고, 어떤 환경을 만들어가야 할지 생각해 볼 일이다.

| 4 |
오롯이
"나는 소중해"

합창 대회 〈그대 생명, 사랑, 희망을 노래하라〉
생명 존중 문화 조성 및 자살 예방의 날 기념 첫 오프닝 멘트.

행복하신가요? 아마 이곳에 오신 여러분은 오늘 대회의 의미를 마음에 새기며 참가했을 겁니다.

생명, 사랑, 희망을 노래하기 위해서 모인 여러분….

불행은 자신을 소중하게 여기지 않는 것에서 시작하는 것 같습니다.

그렇다면 행복의 시작은 자신을 소중하게 생각하는 것이겠죠.

자신을 소중하게 생각하지 못하고 자살을 생각하는 이들이 많다합니다.

여러분이 큰 함성으로 행복의 시작을 알리면 좋겠습니다.

제가 "당신은" 하면 여러분은 "나는 소중해"라고 외쳐주시면 어떨까요?

손짓도 함께 해보죠.

오른손으로 나'를 가르키면서 외쳐주세요

자! "당신은"

"나는 소중해"

큰 박수로 이 분위기를 더욱 따뜻하게 만들어주시면 고맙겠습니다.

행사 시작에 앞서 시나리오에 없던 오프닝이 떠올라 실제 진행했던 내용이다. 무대 중앙으로 가서 인사를 나누고 "나는 소중해"를 함께 따라 해주기를 권했다. 분위기가 일순간 숙연해지면서 눈물을 보이는 이들도 있었다.

그 이후 이 내용을 강의에 접목했다. 강의장 내에서도 역시나 눈시울이 붉어지는 이들을 봤다. 그들에게 물었다.

"혹시 왜 그러신지 제가 여쭤봐도 괜찮을까요?"

"저는 언제부턴가 나를 소중하다고 생각해 본 적이 없었네요…."

"그게 언제였었는지 말씀해주실 수 있나요?"

"부모님이 돌아가신 후부터였던 거 같아요."

"그럼 지금으로부터 몇 년 전쯤 되나요?"

"10년 정도 됐습니다."

"부모님이 살아계실 때는 자신이 소중하다고 느끼신 건가요?"

"네…. 제가 사랑을 받고 있을 때거든요. 그런데 부모님이 떠나가신 이후로 저를 스스로 방치하고 살아왔어요."

우리의 대화가 오고 갈 때 많은 청중들이 하나가 되어서 경청해줬다. 조금은 다른 경우들로 자신을 아끼지 않는 비슷한 상황들은 많았다. 연인이었다가 남자의 배신 이후부터, 이혼한 이후부터, 자식이 떠난 이후부터 등등을 들을 수 있었다. 연예인이 간혹 자살을 하는 소식을 접하곤 한다. 그 이유 중에는 팬들의 질타, 비난들로 괴로워하거나, 출연 프로그램이 없어서 세상을 등지는 경우가 종종 있다.

정리해보면 부모가, 남편이, 자식이, 팬들이, 찾아주기 때문에 자신이 소중하다고 여기는 것이다. 그런데 그들이 곁에 없을 때는 바로 무너진다.

진정 삶을 즐겁게 사는 이들을 관찰해보면, 자신을 함부로 방치하지 않는다. 소중하게 여기지 않으면 방치하게 된다. 그런 마음은 타인에게도 고스란히 옮겨진다.

자신을 소중하게 여기는 이들은 상대방의 소중함도 알아준다. 나를 방치한 채 상대방만 챙기게 되면 이 또한 언젠가는 상처받았다고 생각한다. 의도치 않게 상대방이 가해자가 되기도 한다.

'나는 내게 모든 것을 널 위해서 쏟았는데…. 어떻게 네가 내게 이럴 수 있어?'라는 대가성 마음 상태로 돌변하기도 한다. 위험한 관계가 될 수 있다.

일단 자신을 소중하게 여기는 것이 우선되어야 한다. 그런 이들은 자신의 내면과 외면을 방치하지 않는다. 내면을 가꾸는 데에도 시간과 비용을 들인다. 그렇게 자신을 들여다보면 뭐가 하고 싶고 뭐가 변화해야 하는지를 알게 된다. 그러니 자연스럽게 외면도 자신이 추구하는 모습으로 관리를 하기 시작한다.

어떠한 경우라도 우선은 '나'에서 출발한다. 그리고 '나의 내면' 이후 '나의 외면' 두 가지가 합쳐져서 소중함을 일깨워간다.

자신을 아끼는 방법들을 깨달은 사람들은 상대방의 소중함도 알게 된다. 무엇을, 어떻게, 왜 대해야 하는지도 조금씩은 가늠할 줄 안다.

무작정 자신은 버려둔 채 오로지 상대만을 위한 무언가는 훗날 자신도 상대도 불편해질 수 있음을 잊지 않았으면 한다.

지금 바로 이 순간 그 누군가가 아닌 "나는 소중해"를 따뜻하게 외쳐보자!

내 옆에 누가 있어서 내가 있는 게 아니다.

내 직업이 있어서 내가 가치 있는 게 아니다.

그냥 '오롯이 나'이기에 나는 소중해야 한다.

[5]
다시 태어난다면?

다시 태어난다면 어떻게 살고 싶어요?

다시 태어난다면 이 사람과 결혼 하겠어요?

다시 태어난다면 어떤 사람이 되고 싶어요?

라는 질문을 종종 받는다.

농담으로 답하는 경우도 있지만 진지하게 떠올려 보니 난 이런 답을 하고 있었다.

"다시 태어나도 지금과 크게 다르지 않을 것 같다." 그리고 덧붙였다. "지금 사는 세상에서 하고 싶은 건 웬만하면 다하고 가야지. 굳이 죽었다 다시 태어날 때까지 아껴두고 그러나…."

다른 사람들은 어떤 답을 할지 궁금해졌다.

그래서 강연 주제를 여기에 맞춘 적이 있다. 나는 청중들께 다짜고짜 단순하게 물었다.

"다시 태어난다면?"

대답은 가지각색으로 나왔다. 예를 들어 당당하게 살고 싶다. 공부를 잘하는 사람이 되고 싶다. 똑똑하고 싶다. 말을 잘하고 싶다. 부자가 되고 싶다 등등이다.

그들의 대답은 지금이라도 그렇게 살아갈 수 있는 것들이 대부분이었다.

사람들은 의외로 이번 생에서도 충분히 할 수 있는 일들을 말한다. 다시 태어나지 않아도 될 일들을 꿈꾼다.

생각해보면, 우리는 다시 태어날 리가 없다. 한 번 주어진 인생에서 해보고 싶은 게 있다면 해야 하지 않겠는가…. 이번엔 대충 살다가 다음 생을 기다리겠다고 자포자기하며 주어진 대로 끌려다니기엔 이 얼마나 억울하단 말인가.

내가 건넨 단순한 물음에 대한 여러 가지 답을 현장에 있던 이들과 공유했다. 더불어 그 답변들이 "지금 할 수 있는 일입니까? 아닙니까?"를 물었다.

대부분은 한목소리로 말한다.

"지금도 할 수 있다."라고….

나는 강연을 통해 많은 사람들에게 확인시켜 주고 싶었다.

지금 할 수 있는 것들을 못할 거라고 단정 지으며 살아가고 있지는 않은가를.

지금까지 잘못 살았기에 앞으로도 그럴 거라는 그저 그런 생각들이 깊숙이 자리하고 있지는 않은가를.

사람들은 아예 죽었다 다시 태어나면 이번 생처럼 살지 않고 다음 생에는 이러저러하게 살겠노라고 스스로 위로 아닌 위로를 한다.

물론 여자인데 남자로, 대통령의 딸로, 팔자 좋은 곰으로 태어나고 싶다 말하면 그것은 정말 이번 생에서 이루기 힘든 일들임이 분명하다.

그러나 대부분의 소망들은 앞으로 펼쳐질 날들 속에서 충분히 해볼 만한 것들이다.

"당당하게 살고 싶으세요? 지금 당당을 외치세요.

공부를 잘하고 싶으세요? 지금 공부하세요.

똑똑하고 싶으세요? 지금 똑똑해질 수 있는 방법을 찾으세요.

말을 잘하고 싶으세요? 지금 어떻게 하면 말을 잘할 수 있는지 배우고 당장 말하세요.

부자가 되고 싶으세요? 지금부터 부자의 기준을 만드세요."

"왜 죽었다 다시 태어나길 기다립니까? 더 안타까운 건 죽어도 다시 태어나질 않을걸요. 만약 태어난다 해도 어디 이번 삶이 기억나겠냐고요. 살아 있을 때 이룰 것만 상상하고 실천하세요. 죽을 각오로 달려들면 한 번뿐인 인생 못할 게 있을까요?"

강연 중 했던 말들이다.

어쩌면 미루는 습관이 이런 생각의 틀을 만들었는지도 모른다. 미루다 미루다 못해 이번 생은 아닌 것 같으니 다음 생을 기약하게 된다. 결국 귀찮고 나약해진 자신을 들여다보며 도저히 할 수 없다고 생각했기 때문일 거다. 이런 내용의 강연이 끝나고 찾아온 이들의 반응은 극명하게 둘로 나뉜다.

한쪽은 "그러게요. 그렇게 단순한 건데 제가 너무 겁내고 있었네요. 지금 당장 실천해볼게요."

다른 한쪽은 "그래도⋯. 도저히 용기가 나질 않을 것 같아요. 이 나이에 무슨⋯. 이젠 어렵죠 뭐⋯."

가장 단순한 질문에 단순하게 생각하는 이가 있는가 하면 단순한 질문에 복잡하게 생각하는 이도 있다.

그렇게도 바라고 원하는 삶이 있다면 복잡하게 여러 이유를 찾지 말고, 단순하게 생각해보자.

자신이 만든 여러 핑곗거리들이 발목을 잡고 놓아 주지 않을 게 분명하다. 그래서 자꾸 제자리걸음만 하고 있을지 모른다. 원하는 방향이 있다면 단순하게 박차고 나아가야 한다.

여전히 이 글을 읽으면서도 '그럼에도 내 경우는 달라. 이 상황에 무슨 말도 안 돼. 이루기 너무 힘들지.'라는 생각을 할 것이다.

머릿속의 모든 핑곗거리가 애초부터 없었다고 가정하며

'나는 다시 태어난 것이다. 어차피 태어날 때 아무것도 들고 오지 않은 사람이다.'

이렇게 되뇌이다 보면 다시 태어난 사람치곤 우리는 지금 상당히 많은 것을 갖고 있음을 느낀다. 그러면 이전보다는 단순한 걸음을 떼는 데 도움이 되지 않을까!

[6]

뒤집어 따져 묻기

고객은 왕이다. 고객이 먼저고, 그다음이 직원이다.

우리는 늘 이렇게 들어왔다. 그러나 나는 조금 다른 관점으로 본다. 직원이 먼저고, 그다음이 고객이다.

직원의 마음이 평온하면 자연스레 고객에게 평온한 자세로 다가갈 수 있다. 직원이 날카로운 마음 상태라면 고스란히 고객에게 전달된다. 그러니 그 매장은 좋아질 리 없다.

비슷한 상황을 가정에서도 찾아볼 수 있다. 가정이 먼저다. 그다음이 직장이다. 엄마가 먼저다. 그다음이 아이다. 뭐 이렇게 보는 관점이 필요하다.

가정을 뒤로 한 채 직장이 먼저인 사람들에게는 뭔가 모를 그림자가 있다. 그 그림자는 직장에서 동료들에게 그대로 전파된다. 아무리 시간을 직장에서 많이 보낸다 해도 성과는 좋을 수가 없다. 왜냐하면 가정을 등한시하는 사람이 얼마나 끈끈한 동료애가 있겠느냐 말이다. 집안에 불화는 그대로 얼굴로 표출된다. 그런 얼굴을 오랜 시간 주변 사람들에게 비추고 있다고 생각해 봐라. 어두운 그림자 속에 있는 당신에게 누가 함께하고자 하겠는지.

사람들은 밝은 에너지를 가까이 두고 싶어한다. 뿌리 속 깊이까지 밝은 이들을 보면 가정이 평온하다. 그 평온함은 온몸으로 표출된다.

직장이 먼저라고 생각해서 잦은 회식에 늦은 시간까지 술 마시고 들어온 이가 집안에서 얼마나 환영받겠는가.

요즘 정치 선거현장을 보면 종종 가족들이 동원되곤 한다. 가족의 지지 덕분에 당선되기도 한다. 반면 지지율이 높았던 이가 가족의 어떤 문제 때문에 순식간에 매장당하는 일들도 생겨난다. 가족이 등을 지고 SNS에 가정불화를 폭로하기도 한다. 집안도 다스리지 못하는데 무슨 정치냐는 여론이다.

예전 같으면 크게 영향을 미치지 않았을 수도 있는 문제들이다. 분명 달라지고 있다. 그래서 더욱 선거 유세장에 가족들의 중요성이 부각되고 있다. 집안이 엉망인 사람이 나와서 무슨 일을 제대로 하겠냐는 시선이 팽배하다. 점점 본질을 묻는 사람들이 많아지고 있다는 뜻이다.

그 옛날엔 가정과 정치가 무슨 연관성이 있느냐는 분위기였을까….

나라를 위해 전쟁터 나가는데 가족을 모두 죽이고 갈 만큼 결의를 다지는 모습이 영웅으로 비치기도 했으니 말이다.

관점의 문제가 생겨나고 있다. 어디에 기준치를 두었을 때 이 시대에 걸맞은 사람인지를 알아가고 있는 중이다. 이제는 점점 확고해져 간다. 근간이 바로서야 제대로 꾸려 갈 수 있다는 것을 말이다.

고객들이 눈치챘다. 이곳에서 일하는 직원들이 환하게 웃으며 맞이하는 것이 진심인지 아닌지를….

정치 현장에서도 그들의 표정이 진심인지 아닌지를 가늠할 수 있다. 깊은 뿌리를 가꾸고 다스리지 못하는 이가 겉만 화려하게 꾸민다면 얼마 못 갈 게 분명하다.

엄마와 아이의 사이를 봐도 그렇다. 아이가 먼저라며 엄마가 밥을 거르고, 바깥출입을 하지 않고, 좋아하던 것들을 일순간 포기한다. 그래서 오는 것은 엄마의 스트레스다. 그 스트레스는 결국 아이에게 그대로 표출된다.

아이 것만 챙겨주느라 예민해졌고, 친구들을 만나지 못했고, 외모를 가꾸지도 못하는 등등의 이유가 생겨난다. 이 모든 이유는 아이 때문이라고 생각한다. 그래서 아이에게 화를 내고, 화내서 또 죄책감이 들고, 그 죄책감에 또 우울해진다. 반복적인 일들이 벌어진다.

나는 육아를 하며 수시로 이런 감정들과 충돌하곤 했다. 아이가 짜증 내고 있을 때 '대체 왜 그럴까?'를 반복적으로 되짚어 스스로에게 묻곤 했다. 그러니 서서히 보이기 시작했다. 남편과 다툰 후엔 어김없이 아이에게 그 감정이 전달된다는 것을. 아이는 칭얼대며 울었고, 나는 또 왜 우냐며 짜증 섞인 말로 다그치고 있었다.

'아차! 내 감정이 상했다고 아이에게도 그대로 표출하고 있었구나! 제대로 아이를 바라보지 않고, 내 감정만 앞세웠구나!'

당연한 결과다. 그렇다. 내 감정을 앞세우는 거라면 그것부터 관리를 해야 하는 게 먼저다. 아무리 티 내지 않고 아이를 사랑스럽게 본다 한들 한계가 있다. 분명 감정의 티가 난다. 그래서 나는 우선 내가 많이 웃을 수 있는 일들을 찾기 시작했다. 이 또한 용기가 필요하다. 아이와 떨어지는 불안감이 몰려오기 때문이다. 그런데 굳은 마음으로 자꾸 본질을 되뇌이면 할 수 있다.

시부모님께 어린아이를 맡기고 남편과 영화도 보고, 외식도 하는 시간을 종종 가졌다. 아이는 엄마와 단순히 오래 있는 시간을 원하지 않는다.

아이에게나 엄마에게 바람직한 환경은 기쁜 마음으로 함께하는 것이다. 하지만 그 최상의 시간은 쉽게 허락되지 않는 게 우리의 현실이다.

그렇다면 기쁜 마음으로 함께 있는 방법을 찾으면 된다. 내가 좋아질 무언가를 찾으면 된다. 아이와 조금 떨어지는 시간이 발생하더라도 불안해하진 않아도 된다. 더 불안한 것은 함께 있으면서 아이에게 짜증 내는 것이다.

주변에서 "초등학교 들어갈 때까지 아이와 하루도 떨어져 본 적이 없다." 말하는 이들이 꽤 많다. 어떻게 아이를 시댁에, 친정에 맡길 수 있느냐는 거다. 불안하다고 말한다.

수시로 아이를 시부모님이나 친정에 맡기고 내 시간을 갖는 내게 어떻게 그럴 수 있느냐고 걱정 섞인 어조로 묻는 엄마들도 있다. 그래서 남편이 내게 말한다.

"자기는 자기를 참 사랑해. 자기애가 깊어."

"왜? 그래서 싫어?"

"아니 좋은 뜻으로 말하는 거야!"

"응 나는 내가 먼저야. 엄마가 기분 좋아야 우리 딸도 엄마 볼 때 기쁘지 않겠어?"

남편은 격하게 공감한다며 고개를 끄덕인다.

엄마가 웃어야 아이가 웃는다. 그래서 엄마가 행복한 무언가를 먼저 찾아야 한다. 이기적일 수도 있겠다 싶지만, 사실은 절대 이기적이지 않은 결과를 맞이 할 것이다.

직원이 웃으면 고객이 웃는다. 고객을 왕처럼 모시라고 하기 전에 직원을 왕처럼 대해줘 보자. 직원의 마음은 춤을 출 것이다. 그 마음은 고스란히 고객 에게 전달될 게 분명하다.

정치인이 웃으면 국민도 웃겠지? 그런데 우리가 매스컴을 통해 보는 정치 인들은 인상 쓰고 싸우고 있는 모습이 먼저 떠오른다. 그것을 보는 이들도 인 상을 찌푸리게 된다. 선거 때만 반짝 웃고 그 이후 줄곧 심각한 표정들이 대부 분이다. 그 심각한 표정이 국민을 위한 진지한 표정이 아니라는 것을 국민들 은 안다.

밝은 기운을 가진 사람 곁에는 사람이 모인다. 이야기하고 싶어한다. 굳이 오라고 말하지 않아도 자연스럽게 발걸음이 향한다.

지금 이 순간에도 혹시 곁을 떠나게 하고 있진 않은 지 들여다봐야 한다. 집 에, 회사에, 투표소에 오고 싶지 않게 하지는 않은지 깊이 있게 점검해야 한다. 지금까지 본질을 무시하고 결과만 추구했다면, 무엇이 먼저인지를 자신에게 되 집어 따져 물어보길….

한컷 한컷이 모인
롤모델

여러 분야의 인사들을 인터뷰를 했던 내가 최근엔 인터뷰 질문을 받는 일들이 많아졌다.

빈번하게 받는 질문 중 하나가

"지금 여기까지 오면서 롤모델이 있었습니까?" 이다.

사실 이러한 질문을 받으면서 좀 더 나 자신을 돌아보며 정리하게 되는 부분들도 생겨난다. 막연하게 흩어져 있던 나의 생각들을 타인의 질문에 비추어 되새겨봤다.

'나는 롤모델이 있었는가? 있었다면 누구였을까? 내게 롤모델의 정의란?' 등을 스스로에게 물었다.

그러고 보니 나는 딱 한 사람을 두고 '저렇게 되어야겠다'라는 생각이 없었다고 생각했다. 흔히 롤모델이 누구냐고 물었을 때 쉽게 누구 한 사람을 거론하면 이해도 빨리 될 게 분명하다. 그러나 나는 그렇게 딱 한 명을 꼬집을 수 없다. 누구 한 사람의 인생을 그대로 따라 하고 싶다는 것은 자칫 위험할 수 있겠다는 생각이었던 것 같다. 그 사람이 혹시 잘못되기라도 한다면 중심이 함께 흔들려 버릴 수도 있지 않을까란 생각이었다. 잘 나가던 유명인이 자살을 하기라도 한다면 그를 따랐던 이들의 삶도 함께 혼란스러워하고 최악의 경우는 같은 방법으로 자살을 택하기도 한다. 하던 일이 잘못되기라도 하면 그 탓을 롤모델에게 떠넘길 수도 있다. 오로지 그 사람만을 겨냥한 롤모델은 위험하다고 말하고 싶다.

나의 롤모델은 가까이 있는 이들의 장점들이었다. 내게 필요한 것이라면 그들의 한컷 한컷이 내겐 멘탈모델이 되기 충분했다.

어릴 적 친오빠의 한 컷이 떠오른다. 방송에서 성공다큐멘터리를 다룬 프로그램이 한창 인기였을 즈음, 오빠는 방송사에 전화를 했다. 그 후 집으로 도착한 것은 성공 프로그램이 녹화된 비디오테이프 한 박스였다. 비디오테이프에 빠져 있는 오빠를 지켜보며 물었다.

"돈 주고 샀어?"

"그렇지…."

"왜?"

"앞으로 이 오빠도 저렇게 기업을 경영하는 사람으로 성공하려고…. 참고로 성공한 사람들을 보면 알 수 있지 않겠나!"

오빠는 성공에 대한 집념이 대단했다. 자신이 원하는 꿈을 향해서는 투자도 아끼지 않았다. 혼자 있을 때는 라면을 먹더라도 자신의 꿈과 관련된 사람을 만날 때는 멋있게 입고, 비싸고 품위 있는 식사 자리를 생각하던 오빠다.

그런 오빠는 놀라운 속도로 성장했다. 가족이지만 나와는 상당히 거리가 있는 사람 같았다. 오빠에게는 탄탄한 스펙도 없었다. 그야말로 스펙은 자기 자신이었다. 회사에서 승진의 승진을 거듭하더니 대기업 최연소 이사직으로 오르는 것을 지켜봤다. 든든한 가족의 백그라운드도 없었고, 지방대학을 졸업하고 취업했다. 꿈에 대한 아낌없는 집념과 투자로 일궈낸 성과라고 생각한다. 가족과 함께하는 시간들을 뒤로 했고, 오로지 자신이 갈망하는 것을 얻기 위해 잠을 줄이면서까지 그 기업의 회장님을 모시는 모습들을 엿봤다.

뚜렷하게 주목받을 특별한 것이 없는 오빠에게 회사에서는 처음 몇 개월은 아예 눈길도 주지 않고 업무도 시키지 않았다고 한다. 기대치가 전혀 없는 것처럼 보였다고 한다. 아마도 그런 상황을 누군가가 접했다면 짐 싸서 스스로 나왔을지도 모른다.

오빠가 어느 날 베트남 출장지에서의 이야기를 들려준 적이 있다. 새벽에 일찍 일어나는 회장님과의 출장이라 더 바짝 정신을 차렸던 오빠. 회장님보다 먼저 일어나야겠다는 일념으로 쪽잠을 잤다. 예상한 시간에 기상했고, 세안을 해야 하는데 워낙 고요해서 물소리가 회장님을 깨울까 염려하며 조심히 움직였다. 물 한 방울 한 방울을 모아서 겨우 세수를 마친 오빠는 바로 사과 하나를 준비해두었단다. 새벽녘이면 회장님이 늘 사과를 찾는다는 것을 잊지 않았던 것이다.

회장님이 어떤 곳을 함께 방문하게 된다면 어디서부터 어떤 코스로 이동하는 것이 좋을지 미리 그림을 그려서 더 이상 신경 쓰이지 않게 만들었고, 마치 '그 일이 나의 일이라면…' 하는 시선으로 바라보니 점점 인정받게 됐다고 말한 적이 있다.

우리는 어쩌면 무언가를 하고 있음에도 진심으로 나의 일처럼 임하지 않고 있진 않은지…. 그래서 늘 제자리걸음을 하고 있는 자신을 한탄하고 있는 건지도 모른다.

동생인 내가 볼 땐 오빠는 대체 불가한 사람이 되어 있다고 보여진다. 그 자리에 저 사람이 아니면 안 되는 느낌이랄까….

"상사가 무엇을 원하는지를 끊임없이 생각한다. 어느 순간엔 나를 내려놓을 줄도 알아야 한다. 그게 곧 내 일이 된다. 그 자리를 대체할 수 없을 만큼의 노력을 기울이면 인정받는다."

오빠의 말 중 유난히 기억에 남는 말이다.

오빠는 내게 많은 말들을 해주지 않았다. 그리고 나의 꿈에 대해 이렇다 저렇다 말하지 않았다. 그저 잔잔한 미소를 지으며 내 어깨를 지긋이 짚어주곤 했다. 그냥 그의 길을 갈 뿐이었다. 함께 꿈을 이야기할 시간도 채 부족했다. 몸소 실천하고 있는 모습을 보여줬던 것이다. 나는 그 길 속에 보이는 한컷 한컷을 내 것으로 벤치마킹하려 했다. 단점은 빼고 장점만을 보는 눈을 키우려 했다. 가족일지라도 왜 단점이 안 보이겠는가…. 하지만 무엇이 닮고 싶은지를 찾으면 보인다.

나는 꿈을 이뤄가는 이들의 말들을 의심하지 않고 귀담아들으려 한다.

둘째 언니의 상냥하게 인사하는 모습이, 공부 잘하는 친구의 성적 올리는 학습 방식이, 잘 놀 줄 아는 후배의 모습이, 옷 잘 입는 선배, 연예인의 패션 스타일링이 나의 롤모델이 되곤 한다.

　내게 필요로 한 것을 먼저 알고, 바로 가까이에서 찾으려 했다. 사람은 완벽할 수 없다. 성공한 사람이라고 어찌 단점이 없겠는가…. 그런 단점을 탓하거나 찾기 이전에 그냥 나 자신에게 뭐가 필요한지를 찾는 게 우선이다.

　한 사람을 정해 놓고 모든 삶의 방식을 그대로 따라 하기 보다, 현재의 '나'를 살펴봤으면 한다. 그러면 자신에게 필요한 것이 무엇인지 보인다. 부족한 것을 채워줄 롤모델들은 주변에 생각보다 많이 있다는 것을 기억하자.

　더불어 '어쩌면 누군가에게 당신의 지금 한 컷이 롤모델이 되고 있을 수도 있다.'라는 상상도 해보길….

4장

미래를 위해서
지금 고달프게 하지않길

습관성 답 찾기에
빠져들지 마세요!

세상이 가끔 불공평한 것 같죠?

나에게만 왜 이런 일이 일어나나 싶죠?

나만 왜 힘드나 싶죠?

인생에 진짜 답은 뭘까? 옆 사람에게 갑자기 묻고도 싶죠?

묻고 싶을 땐 물어도 됩니다.

그런데 말이죠. 딱 정답은 없더라고요.

물으면 답을 내주려고들 합니다.

답을 듣고 알면서도 그대로 안 가려는 사람도 있고,

혹은 그 답대로 가려고 하는 사람도 있습니다.

가끔 헷갈리죠.

답대로 안가는 내가 이상한 것인지.

답대로 가려고 하는 내가 이상한 건인지.

답을 들어도, 안 들어도 이상하게 흔들리고 갑갑해 합니다.

만날 때마다 묻기만 하는 친구가 있습니다.

나는 누가 물으면 돕고자 하는 심리가 발동해서 이런저런 사례를 말해가며 친절히 설명해줍니다.

시간이 흐른 뒤 알게 된 건 나에게만 묻는 게 아니었더라고요. 거의 만나는 사람마다 묻더라는 거죠. 그렇게 했으면 벌써 실타래가 풀렸어야 하는데 그 친구 보니 오히려 묻는 데만 오랜 시간을 보내더라고요.

어쩌면 습관이 된 듯합니다. 습관성 답 찾기 정도로 보이더라고요. 답 찾기만 할 뿐 늘 제자리인 듯 보였어요.

그는 스스로 잘 못 살고 있다고 여겨서 그렇게 자꾸 묻고 또 묻는 것 같습니다.

누구처럼 살려고 하지 말고 나대로 살기. 그럼 마음이 조금 편해집니다.

우리는 자칫하면 죽는 그 순간까지 답만 찾다 끝날지도 모릅니다. 나대로 살아가는 사람들은 지금 이 순간에도 새로운 나만의 답을 남기며 시간을 이어가고 있습니다.

곳곳에서 여러 가지의 답들이 나오고 있듯이 인생에 답은 한가지일 수 없더라고요. 그런데 우린 한가지 답이 있을 거라고 착각하며 오늘을 살고 있습니다.

많은 SNS에 자신을 향한 질문. 타인을 향해 던지는 질문들 많이 하죠.

이제 그런 시간을 조금 줄이자고요.

답대로 가려는 틀에서 벗어났을 때 그제야 갑갑함이 뻥 뚫리더라고요.

지금 고민하는 것이 수학문제처럼 답이 있는 거라면 얼마나 좋을까요. 그대로 외워서 풀면 되잖아요. 간단하고 쉽겠지만. 가만히 생각해보면 재미는 없을 것 같습니다. 모두가 똑같이 살아가는 모양새가 말이죠.

그래서 더욱 남들과 다르게 접근하고 생각하며 행동하려 하면 그것이 새로운 방향을 제시하고 있더라고요.

역사의 인물들이 남긴 철학이 답인 양. 혹은 옆 사람이 수많은 예를 들어가며 말해주는 것이 답인 양.

그곳으로 가고 있지 않아서 고민하는 당신이라면. 그럴 필요 없습니다.

그냥 가끔은 답 생각하지 말고 가세요. 습관성 답 찾기에 빠져들지 마세요.

인생엔 답이 있는 문제가 있고. 답이 없는 문제들이 있더라고요. 그것을 구분만 하면 됩니다.

[2]
언제까지 준비만 할 것인가?

집 인근에 등반하기 좋은 유명한 산이 있다. 모처럼 휴일 운동도 할 겸 남편과 아이랑 가벼운 차림으로 나섰다. 그런데 유독 눈에 들어오는 등산객들의 옷차림이 그날따라 많은 생각을 하게 했다. 대부분의 사람들은 멋진 등반 장비를 다 갖추고 있었다. 머리부터 발끝까지 거기에 콕콕 찍는 등산 스틱까지….

마치 히말라야 산맥이라도 가도 될 장비들을 갖춘 듯했다. 뒷동산 오르는 데에도 완벽하게 준비한 모습이 일순간 우리네 마음이 비치는 듯했다.

무언가를 쉽게 도전하지 못한 것도 어쩌면 이런 마음 때문은 아닐까….

뭐 하나를 하려면 제대로 준비됐을 때만 하려는 마음, 캠핑을 가야 할 때도 온갖 용품을 가득 챙겨야만 떠나는 모습, 우리는 무엇을 하기 위해서 그것에 맞는 완벽한 준비가 갖춰져 있지 않으면 아예 나설 생각을 하지 않는다. 그런 마음을 잘 알아차린 홈쇼핑에서는 풀 패키지 용품들을 선보이기도 한다. 마치 그 모든 것들이 있어야만 캠핑을 갈 수 있다고 말하듯이 홍보하고 있다.

실제 캠핑장에 가봐도 고가의 유행용품들이 즐비한 진풍경이 쉽게 눈에 들어온다. 1박 2일을 나섰는데 이 또한 히말라야 산맥 어느 한 곳에 자리를 잡은 듯 보인다. 온갖 특수 제품들을 자랑이라도 하듯 진열해두었다. 텐트만 달랑 들고 온 사람들을 한없이 작아지게 만들기도 한다.

완벽한 살림살이를 번듯하게 준비해 온 이들은 왠지 모르게 위풍당당해 보인다. 그런데 가만 지켜보자니 캠핑용품을 내리고 싣고 펼치고 정리하는데 많은 시간을 들이고 있었다. 그러다 바로 밥해 먹고 취침하고 일어나서 또 그 많은 짐을 정리하는 데 상당한 시간을 쓰고 있는 풍경이 보였다.

등산도 캠핑도 모두 내가 초보의 눈으로 바라봤을 때의 모습들이다. 왜 우리는 이렇게 완벽한 준비물에 집착하고 있는지… 생각하게 했던 순간들이다.

험하고 높은 산을 오르는 것도 아닌데, 아주 오랜 시간 집을 떠나는 캠핑도 아닌데 우린 온갖 장비를 갖췄을 때 떠나려 하는 걸까.

축구를 할 땐 축구화가 있어야 하고, 수영을 할 땐 수영 가방과 타월 · 수경 · 가운 등등이 있어야 나선다. 컴퓨터를 하려 할 땐 완벽하게 타자 연습을 마쳐야 시작할 수 있을 것 같은 마음과 비슷할까. 영어를 하기 전 완벽하게 문법을 익힌 후에 말문을 트려고 하는 것과도 비슷하려나.

시도하기 전에 갖춰줘야 할 많은 것들에 대한 정보가 정작 하고자 하는 본질을 무색하게 만든다. 등산을 위한 완벽한 준비물이 없으면 아예 나서지도 않는다. 그래서 산입구에서만 서성이다 돌아간다. 산을 즐기지 못한다. 유행하는 캠핑용품이 갖춰지지 않으면 나서지 못한다. 그래서 캠핑을 즐길 줄 모른다.

이것저것 따지고 비교하느라 많은 것들을 해보지도 못하고 주저앉고 만다. 등산화가 없으면 없는 데로 운동화 신고 일단 뒷동산에 오를 줄 아는 배짱을 키워야 한다. 그래서 본질을 느끼고 하나둘 필요한 것을 준비하는 즐거움이 그다음이다.

어쩌면 우리는 평생 준비하는 데만 많은 시간과 비용을 사용하게 될지도 모른다. 준비는 좋은 자세지만, 그 준비는 누구를 위해 무엇 때문에 하는건지 곰곰이 생각해봐야 한다.

등산할 때 옆을 지나가는 사람을 위해서인가? 캠핑장에서 처음 본 옆 가족들 때문인가? 무엇을 위해 그렇게 완벽하게 준비하고 나서려 하는가?

생각해 보면 그렇게 모든 것을 갖추지 않고도 우리는 충분히 많은 것들을 시도할 수 있다.

아직은 아니다. 준비되면 그때 하겠어. 라고 생각하는 당신이라면 지금 당장 뒷동산에 장비 없이 올라가 보라. 텐트만 들고 캠핑장에 가보라 권하고 싶다.

순수하게 본질을 느껴봐야 하지 않겠는가…. 계속 도전 앞에서 준비만 언제까지 할 것인가.

우리 앞에 펼쳐질 미래를 완벽하게 준비가 되어야 준비 땅 하며 출발하지 않길…. 일단 해봐야 한다. 부족한 것은 그다음에 준비해도 늦지 않다. 출발선에서 똑같이 준비해서 달리려 하지 말자. 부족한 대로 출발하면 그게 또 다른 출발선일 것이다.

나의 아나운서 입문도 그러했다. 여기저기 시험 보러 다니면서 무엇이 필요한지 깨닫기 시작했다. 아나운서가 되어서 더 느낀다. 완벽한 후보생은 없다는 것을.

왜? 현직에 있는 이들도 완벽한 아나운서는 없기 때문이다. 아나운서가 되어서도 끊임없이 채워간다. 그리고 생각해보면 어찌 완벽한 프로 아나운서를 뽑겠는가.

합격한 많은 후배들을 보면서 느낀다. 외모가 살짝 갖춰지지 않았다면 목소리가 훌륭했고, 외모가 멋지면 목소리가 아쉬웠다. 보이는 게 모두 갖춰진 듯한데 조직생활이 어려운 성격장애를 가진 후배도 있었다. 이들의 가장 큰 능력은 도전이다.

이들보다 더 많은 능력을 갖췄지만 마음의 지하 세계에 갇혀서 나오지 못한 사람들도 많이 봤다. 계속 준비된 자들만 부러워한다. 아니 도전자들을 준비됐을 거라 착각한다.

글을 쓸 때도 마찬가지였다. 나를 둘러싼 많은 지인들 중 월등하게 글을 잘 쓰는 이들이 많다. 그들에게 충분히 글을 잘 쓰니 멋진 책을 출간할 수 있다고 했을 때 돌아오는 메아리는

"아직은 아니다. 준비가 안 되어있다. 너처럼 뭔가 준비를 해야 하는데. 혹은 이유가 있어야 하는데…. 난 그렇지 못해. 하지만 나도 언젠가 책을 내고는 싶다."

정리하자면 준비됐을 때 언젠가는 책을 내겠다는 것이다. 글쎄다. 그 언젠가가 언제 올까? '언젠가'는 오지 않을 수도 있다.

하고 싶은 무언가의 시작이 의외로 사소한 것일 수도 있다. 사소한 실천이

큰 깨달음을 가져다줄 수도 있다. 등산용품이 없어서, 캠핑용품이 없어서, 축구화가 없어서, 영어 문법이 준비 안 돼서 포기했다면 참으로 어리석은 포기를 선택한 것이다. 생각해보면 굉장히 사소한 것이 부족해서 본질을 무시하고 회피한 것들이 많다.

나의 경험을 비춰보면 특히 그랬다. 준비가 완료되기만을 기다리지 않은 덕에 지금 나는 본질을 즐길 수 있는 여유를 조금씩 깨달아가고 있다. 그랬기에 등반객들을 보면서 이런 생각도 할 수 있었음이 틀림없다.

장비가 없어도 자유로웠다. 가족 셋이 충분히 산행을 즐길 수 있다.

인생은 완벽한 컴퓨터 프로그램이 아니다. 컴퓨터는 준비를 갖춰야만 실행된다. 그 전에 아무리 어떤 키를 눌러도 꿈쩍 안 한다. "로딩 중입니다."라고 하면 계속 기다려야만 한다.

하지만 인생은 다르다. 로딩이 완료됐다고 알리기 전에 실행해도 되는 것이 인생이다. 마치 인생이 컴퓨터라고 생각하는 당신

"로딩이 완료됐습니다."를 기다리고 있는가?

이럴 때 자주 떠올리는 나만의 문구가 있다.

완벽 그거 추구할수록 아무것도 할 수 없다. 난 그냥 한다. 난 지금도 계속 준비한다.

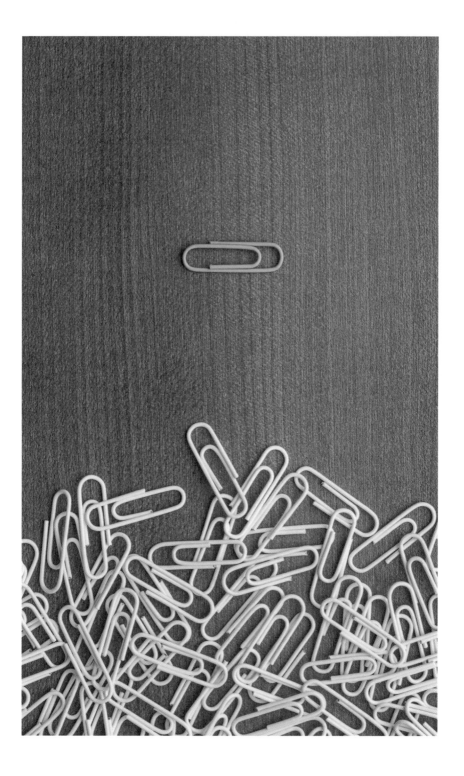

[3]
비교 선상을 만들고 있지 않은가!

아나운서는 아나운서끼리 비교한다.

친구는 친구끼리 비교한다.

동갑내기 자식을 둔 부모는 그 또래 부모들끼리 비교한다.

나이 불문 산후 조리원 동기생끼리 비교한다.

자매들끼리 비교한다.

이 모든 것은 당연한 비교들로 보인다.

재밌는 사실은 멀리 있는 사람보다 가까이 있거나, 비슷한 선상에 있는 사람들이라는 것이다. 멀리 있는 사람들은 비교 대상에 두질 않는다.

오히려 그들의 앞날을 축복해주기도 한다. 칭찬도 아낌없이 해준다. 모르는 이들이기에 충분히 그런 아량을 베풀 수 있게 된다.

우리는 사는 내내 비교 선상을 꾸준히 만들고 있다. 어느 순간에는 직장 동료, 친구, 아이 부모 등이 순환적으로 그 대상이 바뀐다. 생활 수준이 비슷할 것이라고 생각했는데 그게 아닐 때 '난 뭐지?' 하는 생각이 밀려오기도 한다.

비슷한 선상보다 더욱 마음을 힘들게 하는 대상이 있다. 자신보다 부족할 거라고 확신했던 대상이 정말 잘 된 상태를 접할 때다. 늦게 들어온 후배가 자신보다 뛰어난 능력을 발휘하며 주위 사람들이나 상사의 칭찬을 받는다면 얼마나 넉넉한 마음으로 바라볼 수 있을까. 성적이나 미모가 자신보다 못하다고 생각했던 친구가 좋은 집안으로 결혼했다면 진심으로 축복할 수 있을까.

내가 아는 언니가 산후 조리원 동기생 모임이 있다며 며칠 전부터 들떠 있었다. 평소 SNS로 육아 정보도 수시로 전하는 사이들이다. 그중 한 사람의 집으로 모이기로 했던 날이다. 다녀와서의 일이다. 그날 남편과 심하게 다퉜다며 전화가 왔다. 자신이 매우 한심하다며 속상해했다. 조리원 동기생 모임에 가기 전 기쁜 마음과는 완전 다른 상태였다.

동기생 집에 가보니 자신의 집과 심하게 비교됐던 모양이다. 여기저기 보이는 살림살이도 한눈에 들어오고, 아이의 장난감 수준도 언니 아이의 것과 비교가 되니 속상했던 모양이다. 그렇게 시간을 보내고 자신의 집에 오니 모든 게 의욕 상실로 다가온 것이다. 그런 마음 상태는 고스란히 남편에게 전해졌고, 그날 저녁 온갖 불만 섞인 말투로 불평을 했던 거다. 대체 이유를 모르는 그 남편은 참다못해 화를 냈다. 동기생보다 미모도 학벌도 부족한 게 없는데 현재 환경적으로 나은 게 하나도 없었다고 호소했다. 그 이유가 남편이 이런 상황을 만든 것 같아서 너무 미워 보였단다.

모임 전과 후의 언니를 둘러싼 환경은 그대로다. 달라진 것은 비교에서 시작된 마음이 문제였다. 같은 공간에서 아이를 낳고 친해지면서 어느 순간 같은 선상에 있다고 생각했는데 눈으로 보이는 확연한 차이에 속이 상했던 것이다.

그래서 더욱 마음을 주체할 수 없어 위로받고 싶었다며 전화를 한 거다.

사람들은 내게 종종 묻는다.

"이런 저의 마음 잘 모르죠?"

힐링테이너라는 이름이 붙으면서 왠지 나는 그러지 않을 것처럼 느껴졌나 보다. 몰랐으면 좋겠지만 유감스럽게도 난 정말 잘 안다. 잘 알아서 다행이다. 공감하고 해줄 말이 많아서다.

나도 이런 비슷한 상황들과 마주하곤 한다. 이젠 나름의 자정 능력을 갖춰서 빨리 그 우울감에서 탈출한다. 신이 아닌 이상 이런 감정이 없는 사람이 있을까?

간혹 비슷한 시기에 출간한 책들을 비교하고 있는 나의 모습이 보이기도 한다. 그 책은 아무런 잘못이 없고 그냥 놓여 있을 뿐인데 내 마음이 꿈틀대는 게 문제였다. 예전엔 없던 새로운 비교다. 그냥 책은 책일 뿐이었는데 어느 순간 내 책과 비교선상에 두고 있었다.

일 년이라도 먼저 나온 책은 그 선상에 있을 이유가 없다. 견줄만한 대상에 초점이 맞춰진다. 그런데 더 마음을 술렁이게 하는 것은 내 책보다 늦게 출간된 책이다. '아니 왜 늦게 나왔고, 책의 메시지도 그저 그런데… 대체 왜 잘 나간단 말이지'라는 곱지 않은 마음이 요동친다. 예전엔 있지 않던 또 다른 비교가 내 안에 등장했다. 아니 내가 만들어 낸 것이다.

우리는 살면서 숱하게 분야별로 비교 대상들을 양산하고 있다. 난 그대로인데 대상에 따라서 한없이 나락으로 떨어지기도 한다. 가만 생각해보면 그 대상들은 아무런 잘못을 하지 않았다. 그냥 묵묵히 그들의 자리에서 잘 살고, 잘 나가고 있을 뿐인 거다.

우리가 비교하고 경쟁해야 할 대상은 딱 하나, 내 자신이다.

내 안의 능력이 잘 자라고 있는지, 내 안의 생각은 어제보다 나은지 체크하는 거다.

내게도 꼬리에 꼬리를 물고 붙어 다녔던 이런 감정들, 지금도 훅훅 스쳐 지나간다. 하지만 마음속에 오래 묵혀두지 않으려 노력한다. 오히려 비교하려 한다면 가까이 존재하는 이들이 아닌 아주 멀리 있는 이들을 택하려 한다. 그래야만 내가 나아갈 수 있다.

여타의 작디작은 일렁임들을 한 방에 날려 버릴 수 있는 멋진 비교 대상이 무엇인지 난 끊임없이 떠올린다. 깊게 숨겨진 내 안의 능력들을 꺼내서 비교선상에 올려 보기도 한다. 자꾸 머릿속에 엄습해 오는 사람들을 지우개로 지워도 본다. 지우지 않으면 우리에게 이로운 게 하나도 없다.

당신이 알고 있는 그 사람과의 비교를 요즘 유행어를 빌리자면

"도찐개찐(도긴개긴)"이다.

당신의 잠재된 능력을 보며 웃기에도 모자란 시간을 언제까지 우울한 비교로 내줄 것인가!

운전 중 내비게이션이 알려주는
과속 경고음이 들리지 않는 순간

운전 중 내비게이션이 친절하게 알려 주는 과속 경고음 소리를 처음 들었을 때, 난 참 이상하다 생각했다. 이렇게 다 알려주는 시스템을 만들어 놓을 거면 '왜 도로에 과속 방지 카메라를 달아놨을까? 의미가 없잖아. 왜 있는 거야? 다 알려줄 거면서.'라고 중얼거린 적이 있다. 카메라 근처에 오면 서서히 알아서 줄이고 그 이외 구간은 쌩쌩 달려나간다.

내비게이션은 정신을 번쩍 차리게 격한 소리로 울려댄다. 그 소리 때문에 일부러 귀를 쫑긋하지 않아도 저절로 반응하게 된다. 낯선 도로를 달릴 때는 유난히 소리에 더 신경을 써서 달리게 된다.

난 제법 경적 소리에 맞춰 조절하며 운전한다고 생각하곤 했다. 그런데 도심 외곽으로 이사를 한 후 늘 같은 도로를 지나면서의 일이다. 시내권으로 진입하려면 항상 지나는 구간 속에 과속 단속 카메라가 바라보고 있다. 이사 온 지 얼마간은 매우 조심스럽게 내비게이션의 도움을 받으며 운전했다. 어느덧 과속 방지 경고음에 의존하면서 오히려 감사한 마음이 더 커졌다. 애초에 의구심을 품었던 소리가 '이 얼마나 유용한 소리인가.' 싶을 정도다.

그러던 어느 날 카메라 구간을 지나고 있는데 마치 없는 것처럼 무시하고 달리는 나를 봤다. 아차! 싶어 정신을 차리고 보니 귓가에 경적 소리는 크게 울리고 있었다. 그런데 이미 속도를 줄이기엔 늦은 상태였다.

격하게 울려주던 과속 경고음 소리는 전혀 들리지 않았다. '다 알려주는 시스템을 왜 만들어 놨을까?'라는 의구심을 가지며 가볍게 생각했던 내가 과속 경고음을 놓치고 말았다.

그렇게 우렁찬 소리를 왜 못 들었을까? 조심하라고 알려주는 안내의 소리가 왜 안 들렸을까?

매일 지나다니던 길목에서 반복적으로 들려주던 소리는 본래의 의도를 무색하게 하기도 한다. 처음 한두 번은 정신을 번쩍이게 만들겠지만, 반복적으로 경적을 울려도 경적으로 알아차리지 못할 때가 있다.

새로운 도로를 지날 때는 내비게이션 소리에 귀 기울이고, 카메라도 찾아보고 살피며 가게 된다.

이처럼 새로운 사람과의 첫 만남도 매우 조심스럽다. 상대방의 말에 귀도 기울이며 애써본다. 그러나 이내 익숙한 관계가 되면 귀담아듣지 않으려 하고, 조심스럽게 살피지도 않는다.

긴긴 연애가, 부모에게 듣는 반복되는 꾸지람이, 남편에게 하는 지적들이, 아이에게 하는 훈계가 모두 잔소리로 바뀌는 순간들이 될 수 있겠다 싶었다.

한두 번은 경각심을 불러일으키는 메시지로 다가가겠지만, 비슷한 상황에 반복되는 말은 들리지 않는 소리에 불과하다. 어쩌면 속으로 이런 말을 하고 있는지 모른다.

'또또또…. 아이고 지겹지도 않나. 비슷한 말, 말, 말….'

그러니 아무리 좋은 훈계라 해도 들리지 않는 것이다. 그저 멍한 상태로 듣고 있을지 모른다. 그렇게 그 상태를 지나치고 싶어 할지 모른다. 매번 울리던 소리니 또 울리는구나 하는 그런 얄팍한 마음이 솟구칠 것이다.

집이라는 공간에서 나는 좀 더 나은 살림을 꾸려가고자 경적을 울리듯 남편에게 아이에게 던진 말들이 있다. 한두 번 해서 안되면 포기할 법도 한데 반복적으로 했던 것 같다.

남편이 그런다.

"여보! 잔소리 좀 그만해."

'나의 말을 잔소리라고 하다니…. 나의 의도를 그렇게 몰라주나. 우리 잘살아보자는 울림의 소리야!'라고 말하고 싶은 거였는데. 내비게이션의 과속 경고음 소리처럼 본래의 의도를 상실해버린 거다.

아무리 좋은 의도로 꺼낸 말일지라도 들리지 않을 때가 있다. 어쩌면 익숙해져 버린 관계에서는 잔소리에 불과할지 모른다. 짜증 나게 할 수도 있다.

말한 사람도 듣는 사람도 상처받을 수 있는 상황이 온다. 과속이니 조심하라고 크게 소리 높여 울려 줬는데 알아주지도 않더니 벌금 내는 경우와 많이 닮

은꼴이다.

내비게이션처럼 경고음을 울려 준 사람은 알아주지 못해 속상하고, 어찌 됐든 벌금 내게 된 사람은 시끄러운 소리 들으면서 범칙금을 냈으니 속상하지 않겠는가.

혹여 사랑하는 사람에게 경적을 울리고 싶은 소리가 있다면, 방법을 수시로 바꿔 보는 건 어떨까?

같은 메시지라도 내가 아닌 다른 사람이 전할 수 있도록 유도해 준다든가, 장소를, 말의 어조를 바꿔본다든가… 하는 방식을 연구한다면 그 소리는 전달되지 않을까!

그 어떤 좋은 울림도 익숙해져 버린 공간에서 같은 사람이 반복적으로 전하려 하면 듣는 이는 멍한 상태거나 신경질적으로 응할 수 있다는 사실 잊지 말아야겠다. 상대의 표정이나 말투를 살펴보고 느껴야 할 때가 있다. 이럴 때는 주위를 환기해야 한다는 신호로 받아들이자.

[5]
저장장애를 앓고 있진 않은가?

주위를 둘러보면 우리는 버리지 못하고 지니고 사는 것이 생각보다 많다.

특히 옷장이 그렇다. 분명 옷장은 가득 찼는데 입을 옷은 없다. 옷장 속 양말 장도 비슷한 이유로 신을 양말 짝을 찾을 때마다 불편함이 더 크다. 그러면서 계속 저장해 두고 있다. 왠지 없으면 불안하다. 다양한 종류의 양말들은 등산할 때, 잠잘 때, 흰 바지 반바지 입을 때 등등의 경우의 수가 참 많다. 이런저런 이유들로 이러지도 저러지도 못한 것들이다. 정작 자주 꺼내 신는 것은 검정 양말이다.

친정 부모님이 계시는 시골집 이불장을 보면서도 생각한다. 다른 집도 이불이 이렇게 가득 찼을까? 문 열면 쏟아질 것처럼 많은 이불들이 주인을 기다린다. 통계적으로 보면 꺼내 덮는 이불은 서너 개 정도인 듯하다. 친정엄마에게 물었다.

"우리 집 이불이 너무 많은 거 아냐?"

"손님이라도 오면 덮어야지."

내 생각엔 앞으로도 그 많은 이불을 덮을 만큼의 손님이 우리 친정집에 올 일은 없을 것 같다. 만약에 오게 될 많은 손님 때문에 이불장 문은 내내 불안하게 닫혀야만 한다. 어쩌면 몇 년의 한 번일지도, 혹은 일 년의 한 번이 될지도 모르는 날을 위해서 그렇게 이불들은 빼곡히 저장되어 있어야 한다. 그렇게 장롱이 가득 차니 정작 들어가야 할 옷가지들은 밖으로 나와 있기 일쑤다. 여유 공간이 없어서다.

냉장고 속도 그렇다. 파 몇 조각, 남은 김치 조각들, 먹다 남긴 만두들, 생선들이 곳곳에 놓여 있다. 언젠가 먹기 위함이다. 그렇게 냉장고 속은 조각 조각들로 빠르게 채워진다. 그런데 막상 냉장고를 열어 보면 먹을 게 없다. 먹기는 애매하고, 버리지는 못한다.

싱크대 안도 안 쓰는 것이 60%는 저장되어 있는 듯하다. 언젠가 손님이 오면 쓰려고 모아둔 그릇들이며, 숟가락, 각종 냄비들이 즐비하다. 앞으로도 안 쓸 확률이 높다.

화장대 위에도 쓰다만 화장품들이 곳곳에 놓여있다. 특히 남은 립스틱, 섀도들은 한두 번 열어 보면서 쓸 일이 있을 거라는 기대 심리가 있다. 그런데 어디 그런가. 시간이 흐를수록 더 손이 가질 않는다. 그렇다고 역시 버리지 못한다.

지갑 속에도 행여 쓰게 될 지도 모를 할인 쿠폰들, 카드들, 영수증들이 자리를 차지하고 있다. 주로 여성들의 지갑이 그랬다. 홀쭉해야 예쁜 지갑인데 터질 것처럼 뚱뚱해지는 건 순식간이다.

　어릴 적 할머니는 장롱 사이 사이에 비닐 봉투를 구겨서 모아 놓곤 하셨다. 실제 비닐 봉투 쓸 일이 많긴 하다. 하지만 쓸 만큼이 아닌 그 이상의 양이 늘 대기하고 있었다. 그래야 불안하지 않으셨을 거다. 구석구석 꽂아 놓은 것을 난 청소할 때마다 빼서 버렸다. 정이 많은 할머니는 누구라도 오면 언제든 검은 비닐 봉투에 뭐라도 담아 보내려고 차곡차곡 모으셨을 것이다.

　몰래 버렸음에도 할머니가 쓰시기엔 충분한 비닐 봉투는 있었고, 또 금세 모이곤 했다.

　나도 살림을 해보니 할머니가 왜 그랬는지 조금은 알 수 있었다. 분명 꼭 담아야 할 일들이 생기니 버리지 못한다. 불현듯 할머니가 모으고 있던 옛 장면이 스쳤다. '난 과하게 모으지 말아야지, 딱 쓸 만큼만!'이라고 다짐한 적이 있었다. 그런데 어느 순간 제법 많은 양을 저장하고 있는 내 모습이 보였다.

　공간에 여유를 만들어 주기로 했다. 정말 필요한 것들만 남기고 정리하기를 여러 번 했다. 이 또한 용기가 필요했다. 과감하게 뺄 것은 빼야만 넉넉한 공간이 만들어졌다. 마치 구석구석이 이제야 숨 쉬고 있는 것처럼 보였다. 바라보는 나의 시선도 한결 편안해졌다. 없어도 될 것을 왜 이렇게 부여잡고 있었을까.

　언젠가 한 번 쓰려고 짊어지고 사는 것들이 얼마나 많은가. 우리는 일어나지도 않은 일들을 예측하며 불안해서 자꾸 저장해두는 저장 장애를 앓고 있진 않은지.

　이런 우리네 마음을 잘 활용하는 곳이 보험이 아닌가 싶다. 적당한 보험은 삶을 건강하고 안전하게 지켜주는 것은 분명하다. 하지만 필요 이상으로 보험에 가입하는 이들도 적지 않다. 만일의 한 번 일어날 일들에 대한 불안감을 떨칠 수 없어서다. 그래서 그것을 충당하기 위해 분주하게 돈을 벌어야 한다. 불안감을 지우려고 과도하게 보험료로 지출한다.

비단 물건이나 보험뿐만이 아니라는 것을 최근 깨닫는다. 삶의 곳곳에 불안을 자극하는 저장 장애들이 있다.

홍수처럼 쏟아져 나오는 뉴스들을 모두 머리에 담아 두려고 한다. 어디 모임에서 한 번쯤은 써먹게 될 것을 준비해서 말이다. 그래서 인터넷의 각종 정보를 하루도 빼지 않고 저장해두려고 휴대전화에서, 컴퓨터에서 눈을 떼지 않는다. 이렇게 하지 않으면 뒤처지는 것 같고 불안하다.

그렇게 많은 정보들이 머릿속에 가득하다 보니 오히려 혼란이 오기도 한다. 세상에 이런 많은 정보들이 있는데 자신은 다 실천하지 못하고 있음에 자책하기도 한다.

공부하는 방법도, 행복을 찾는 방법도, 육아 정보 등도 여러 가지다. 이러한 관련 정보들을 저장해두고 실천하려니 오히려 안 했을 때 불안감이 몰려온다.

취업을 준비하는 학생들을 봐도 비슷하다. 노출된 많은 정보들이 입수되는 대로 몸과 마음이 급하다. 간혹 그 정보들을 다 채우지 못할 것 같아서 도전보다 포기가 더 빠른 학생들도 많아졌다.

육아 정보로 따지자면, 아이 키우는 여러 현명한 방법들 때문에 오히려 죄책감으로 아이를 대하는 엄마들이 많다. 생각해 보면 시간은 한정되어 있는데 그 많은 방법을 어떻게 다 실천하며 살 수 있겠나 싶다. 그러나 우리는 거기까진 생각하지 않고 그저 정보만 받아들인다. 이후 저장된 정보를 어떻게든 해보려 한다. 결국 과한 정보가 부모도 아이도 지치게 만든다. 다른 부모들은 저 많은 정보들을 아이에게 실천하고 있을 텐데 자신만 못하고 있는 것은 아닌지에 대한 불안감으로 분주하게 보낸다. 그러니 하루 24시간이 모자라다. 그 많은 저장된 정보들을 이리저리 동분서주하며 실천하고 사느라 우린 바쁘다. 안 하면 큰일 날 것처럼.

육아 정보에 통달한 또래 엄마를 보면서 내가 느낀 감정이다. 그녀 곁에 있을 때 난 자꾸 작아졌다. 나만 몰랐던 것 같고 안 하면 도태될 거라는 불안감이 감돌기도 한다. 그래서 몇 날 며칠 그것을 채우느라 바빴다. 그러다 문득 '왜 저장된 많은 정보들을 실행하기 위해서 불안하게 움직여야 하는 거지?' 바쁘게 움직이는데도 따라가지 못한 불안감, 그건 어쩌면 공간을 채우고 있는 저장 장애와 비슷한 현상이 아닐는지.

몰랐으면 차라리 마음이 편하련만, 정보를 알고 실천하지 못하는 자신을 봤을 때 '난 뭔가' 싶다. 저장 장애 증상이 오는 것 같다. 많은 정보라는 짐에 눌려 장애를 일으키는 것 말이다.

이런 현상은 자신의 삶이 아닌 타인의 삶으로 몰고 가기도 한다. 누구를 위해서 자꾸 저장하고 사는지 한 번쯤 짚어 볼 일이다. 지속적으로 보관하거나 모아두는 바람에 혹여 힘들어하지는 않는지. 오히려 누려야 할 넉넉한 여유들을 잃고 사는 건 아닌지.

물건을 보관하는 공간에 여유를 주듯, 우리의 머릿속 저장 공간도 적당히 여백을 남겨두는 건 어떨까. 지금보다는 한결 숨을 고르게 쉬며 살 수 있을 것이다.

빼곡히 채우면 물건이든, 사람이든 숨쉬기 힘들다. 숨 고를 시간도 없이 바쁘다고 말을 많이 듣는 순간 저장 장애를 떠올려 봤다.

저마다 다른 분야의 과도한 저장들로 인해서 주어진 삶을 제대로 바라볼 수 없을지도 모른다는….

저장해둔 무게가 어쩌면 생각하는 것보다 상당할지 모른다. 그 무게에 눌려서 도전과 실천보다는 포기가 더 빨라지는 건 아닌지 돌아볼 일이다.

내게 딱 필요하고, 할 수 있을 정도로만 수용할 수 있는 넉넉한 공간이 필요하다.

적당히 덜어내고 살아도 괜찮다. 삶을 크게 위협하지 않는다. 과하게 모일수록 마음만 조급해진다.

잠시 어디라도 앉아 덜어내고 가자.

미래를 위해서
지금을 고달프게 하지 않길…

힐링 스피치 수업 중 중년 여성의 수강생이 발표하겠다며 손을 번쩍 든다. 지난 주말 가족 여행을 다녀왔는데 그게 문제의 시발점이 됐다고 한다.

"도저히 이대로 가만 앉아 있다 가면 안 될 것 같아서 용기 내어 나왔어요, 말이라도 해서 풀고 가야겠습니다. 가족들과 야심 차게 여행을 가겠다고 나선 길이 글쎄 돈만 들이고 더 기분만 나빠서 돌아왔지 뭡니까. 돌아와서 결심했죠. 다신 여행 같은 거 안 가겠다고.

중년 여성은 흥분을 가라앉히고 여행을 떠나는 첫날부터 차근차근 이야기를 시작했다.

남편이 먼저 준비하고 나서 대문 앞에 서서는 왜 이렇게 늦느냐고 야단을

쳐서 어떤 정신으로 여행 준비를 했는지 모를 정도로 짐을 끌고 차에 탔죠. 그렇게 대충 가나 싶었는데, 이건 뭐 도로가 꽉 막혔더라고요. 다들 어딜 그렇게 가는지. 그런데 남편이 또 짜증이 올라오는지 옆 차에게 할 소리를 혼자 중얼거리는 겁니다. 옆 차가 그 소리 들을 수 있나요? 그 소릴 우리 가족이 모두 들어야 했어요. 듣는 우리 기분은 좋겠냐고요. 차 안은 온통 답답한 기운으로 가득 찼죠. 그러다 갑자기 제가 조금만 일찍 짐을 챙겼으면 이렇게 밀리지 않았을 거라면서 화살을 제게로 돌리더라고요. 그땐 너무 화가 나서 여행이고 뭐고 당장 차에서 뛰어내리고 싶더라고요. 그렇게 여행지에 도착했는데 좋았을 리가 없죠."

그녀는 긴긴 이야기 보따리를 풀어냈다.

수강생들은 격하게 공감하고 있었다. 누구나 한 번쯤은 비슷하게 경험해봤을 상황들이다.

이 이야기를 들으면서 나는 여행의 목적형과 과정형, 두 가지 성향으로 나눠봤다.

누군가는 준비하고 떠나는 과정마저도 즐긴다. 그러나 누군가는 오로지 목적지만을 향해서 일련의 과정을 즐기지 못한다. 그런 마음엔 어쩌면 '미루기 심리'가 영향을 미치는 건 아닌지.

이 미루기 심리는 도착한 이후에 펼쳐질 즐거움만 상상하게 된다. 아예 준비 과정에서의 자신은 없는 것처럼 행동한다. 과정 중에는 짜증 내고 서둘러도 된다고 여긴다. 왜?

목적지에 도착해서부터가 머릿속 상상은 시작되기 때문이다.

그곳에 가면 여유롭게 만끽할 것이야. 그곳에 가면 웃게 될 거야. 그곳에 가면 상냥하게 될 거야. 하지만 지금, 아직은 아니야. 이렇게 목적지를 향한 마음이 간절해서 지금을 둘러 볼 정신이 없다.

"그곳에 가면…."이라는 핑계를 대며 지금의 행복을 미루고 또 미룬다.

다가올 미래를 위해서 지금을 계속해서 희생한다. 그렇게 해도 괜찮다고 최면을 걸듯 도착하는 순간까지 분주하고 정신이 없다. 주위를 둘러 볼 여유가 없다. 무조건 가야만 한다. 거기에서 준비된 무언가가 펼쳐질 거라고 생각한다. 바로 이러한 현상이 목적형이라 말하고 싶다.

가족이나 연인과 여행 가기로 날을 정하고 떠나는 과정을 떠올려 보자.

함께 가는 누군가는 빨리 가자고 다그친다. 조금이라도 지체되면 좋은 말이 나올 리 없다. 이런저런 일련의 과정 중에 서로에게 말로 상처를 주곤 한다. 가는 길 내내 편치 않지만, 가족들은 꾹 참고 그 길을 간다. 차가 막히기라도 하면 그때는 더욱 화를 내며 험한 말을 내뱉는다. 머릿속은 이미 여행지에 도착해서 짐을 풀고 있어야 하는데 여전히 도로에 묶여 있기 때문에 답답하다. 그러한 답답함은 차 안에 있는 가족에게로 화살이 고스란히 돌아간다. 차 막히는 상황까지 가족에게 짜증을 내기 시작한다. 그럼에도 가족들의 마음은 도착하면 달라지겠지라는 바람이 자리하고 있다.

지금을 희생하고 귀한 시간을 내주고 만다. 이렇듯 목적형은 결코 도착해서도 즐겁지 않을 확률이 높다. 이미 오는 사이에 서로에게 준 짜증이 가라앉지 않았기 때문이다. 그래서 한동안 여행지에서 서먹서먹해 하며 즐기지 못한다.

이 얼마나 소모적인 일인가. 그렇게 가고 싶었던 곳에 도착해서도 한참을 삐쳐있어서 상상한 것만큼 누리지 못하게 되는 상황 말이다. 아무리 좋은 곳이라 해도 마음이 받혀주질 않는다면 그곳은 지옥처럼 느껴질 것이다.

주로 우리는 여행뿐만 아니라 이런 과정들의 연속에 있었다. 소중한 사람과 좋은 곳에 가서 행복하고자 목표를 세웠건만, 목표에 도달하기도 전에 이미 행복을 저 멀리 쫓아 버린 경우들이 있다.

더불어 이루고 나면 금세 허탈해한다. 크게는 취업이, 결혼이 그렇다.

반면 과정형은 그들에겐 준비하는 단계도 목적지도 그저 과정의 하나다. 그리고 그 과정의 기준을 '지금'에 둔다. 지금 즐길 마음을 목적지로 절대 미루지 않는다. 여행지는 그저 지금의 연속성이다고 여긴다. 그러니 소중한 가족이 조금 늦게 준비한다고 짜증 내지 않는다. 도로에서 차가 심각하게 막혀도 이를 원망하지 않는다.

가족과 함께 지금 이 순간에도 함께하고 있기 때문이다. 장소만 다를 뿐 결국 목적지에서도 다른 누가 아닌 가족과 즐겁게 지내고 싶은 마음에 떠나는 것인데, 그게 장소가 차 안이라서 싫고 짜증 낼 이유가 없는 것이다.

과정형은 '지금 여기 내가 즐거움을 함께하고자 하는 이들과 있다. 장소만 다를 뿐이다.'

과정형은 가는 길목에서도 즐거웠다 말하고 도착했을 때는 더욱더 즐거웠다 말한다. 그래서 또 다른 목적지를 향해 혼쾌히 준비해보자 하지 않을까!

우리는 간혹 이런 마음가짐을 잊고 사는 듯하다. 성공에 기준을 두고 가는 마음 자세에서도 한 번쯤 돌아봐야 할 부분이다.

무언가를 이루려는 목적형,

무언가를 이루려 하지만 지금을 중요시하는 과정형.

나도 이제야 보이기 시작한다. 지금 이 순간이 성공의 일부라는 것을.

그것이 따로 분리된 것이 아니라 내가 가고 있는 이 시간들이 내가 이루고자 하는 중요한 순간의 하나라는 것을 느낀다.

그 옛날 오로지 성적을 올려야 한다는 나의 강박관념이 머리를 아프게 하고 코피를 쏟게 하고, 아나운서가 되겠다는 일념으로 젊은 대학 시절을 만끽하지 못했음을 주변을 둘러 볼 여유가 없었음을 깨닫는다.

하지만 후회하진 않는다. 그런 목적형을 경험해봤기에 지금은 과정형이 얼마나 소중한지를 깨닫는다. 더불어 이제라도 이런 마음 상태를 확인하고 관찰할 수 있어서 남은 삶을 조금 더 풍성하게 가꿔 갈 수 있다는 것에 감사하다.

나는 글을 쓰고 있는 이 순간마저도 즐거워야 하고, 책이 완성되어 나오는 그 순간도 즐겁길 바란다. 목적과 과정을 따로 분리하지 않으면 다소 느린 장면들이 소중하게 다가온다.

여기도 '나'고 상상하고 있는 거기도 '나'는 있다. 공간만 달라졌을 뿐이다.

미래를 위해서 지금을 고달프게 하지 않았으면 한다.

시원한 웃음소리가 주는
에너지

요즘 나를 찾는 이들 중 자신이 잃어가고 있는 게 많다고 토로한다. 또한 웃을 일이 없어서 웃음소리도 덩달아 잃고 있다 한다. 어느 순간 웃지 않게 되면서 이제는 어떻게 어디서부터 웃어야 할지도 모르겠다는 거다.

나의 강연을 통해 위로받고 웃을 수 있는 순간이 좋았다며 다시 한 번 그 힘을 받고 싶다는 말들을 전해준다.

그런 이유로 찾아줘서 나는 좋지만, 반면 웃음을 잃어 가는 현상들이 씁쓸하기도 했다. 그래서 웃음을 잃어버린 그들에게 웃음을 찾아주면 좋겠다는 생각에 웃음소리에 집중해봤다.

기분 좋게 해주는 웃음소리는 분명 달랐다. 미소에 소리를 얹으면 웃음소리다. 표정을 짓지 않고 소리만 내서 웃기란 상당히 어렵다. 미소의 또 다른 말은 볼웃음이라고도 한다. 볼웃음에 소리를 더해주는 것을 연상해보자.

우리는 소리의 볼륨에 따라서 기분의 척도를 가늠할 수 있다. 더불어 상대의 기분까지도 좌지우지한다.

볼웃음에 소리가 빈약하다면 느끼는 기분도 딱 그 정도로 약하다. 반면 볼웃음에 소리가 커진다면 훨씬 기분은 좋아질 것이다. 그러니 "웃음소리는 기분 상태에 비례한다."라고 할 수 있다. 기분이 좋아야 웃을 수 있겠지만, 웃음소리를 듣다 보면 기분이 좋아질 수도 있다는 말이다.

참고로 텔레비전 속 예능 MC들을 보면 쉽게 알 수 있다. 시원시원한 웃음소리를 터뜨리는 MC는 시청자도 현장에 있는 사람도 기분 좋게 만들어 준다. 특별한 메시지 없이 그 웃음소리만으로도 크게 위로되는 순간들이 있다. 흔히 국민 MC라 불리는 유재석을 비롯해서 함께 출연하는 진행자들을 들여다보면, 그들은 박장대소하며 웃는다.

사람은 시원하게 웃어 주는 소리에 마음의 문을 열어 준다.

'내 이야기가 재밌나…. 더 말해줄까!'라고 생각한다. 그래서 속 이야기를 술술 털어놓게 된다. 이러한 만남은 시간 가는 줄 모른다.

나와 오랜 시간 함께 호흡을 맞춘 홍 실장의 웃음소리가 바로 그렇다. 그녀가 문 열고 들어 오면서 인사하며 까르륵 웃는 소리는 이내 주변을 밝게 만들어 준다. 어디서 크게 웃어줘야 할지를 정확히 알아서 제대로 웃을 줄 아는 사람이다. 그러니 자꾸 만나고 싶게 한다. 그리고 어느 순간 속 이야기도 털어놓게 만든다. 내 이야기에 오롯이 집중해 주는 것 같은 느낌을 준다.

초등학교 친구를 오랜만에 사회에서 만났다. 그는 벤처사업가가 되어 있었다. 친구를 김 대표라 부르며 장난 섞인 말들이 편하게 오갔다. 오랜만에 만났는데 편안한 이유는 아마 어린 시절 시골 친구인 이유가 클 것이다. 편하면서 동시에 친구 김 대표와의 만남이 즐겁다. 가만히 들여다보니 그 친구의 웃음소리가 백만 불짜리였다. 거침없이 시원하게 웃어 주는 소리가 주위를 환하게 해 줬다. 그러니 어떤 모임이 있을 때마다 김 대표를 자연스럽게 나오라고 부르게 된다. 나의 남편도 김 대표의 이러한 성품을 알고 어느 자리든 서슴없이 왔으면 좋겠다고 권유하곤 한다. 왜 그렇게 김 대표를 찾느냐고 물었더니 "함께 있으면 재밌잖아!"라고 한다. 사람은 밝은 기운을 좋아하는 건 비슷했다.

그렇다. 어릴 적에는 그 친구의 장점이 무엇인지 난 몰랐다. 어쩌면 성장하면서 언제부터인지 그렇게 호탕하게 웃기 시작했을 것이다. 앞으로도 그 호탕한 웃음소리는 어마어마한 복을 불러들일 것 같다는 생각을 했다. 왜냐하면 사람들을 모이게 만드는 그의 힘은 바로 그 웃음소리이기 때문이다.

김 대표와 홍 실장의 매력은 유쾌한 웃음소리다. 웃음소리 덕분에 그들의 외모도 더욱 빛이 나는 게 사실이다. 그래서 이 두 사람은 유난히 자꾸 만나고 싶어진다.

방송 프로그램에서 방청객 웃음소리를 효과음으로 넣는데도 이유가 있다. 소리가 주는 즐거움이 있기 때문이다.

간혹 강연 때 청중 속에서 큰 소리로 웃어 주는 이들을 보면 내 목소리에도 힘이 들어가고 고마운 생각에 다 꺼내 주고 싶은 심정이다. 그리고 그 큰 웃음소리는 나만을 좋게 만드는 것이 아니라 청중에게 전파 효과가 대단하다. 금세 강연장에 소리가 전염된다. 유쾌한 웃음소리는 얼어 있던 마음을 녹여주는 효과가 있다는 것을 알게 됐다. 그러니 크게 웃어주는 이가 얼마나 감사한지 모른다. 반면 그냥 미소만 지으며 소리를 안으로 먹는 사람이 있다. 그들을 보면 제발 소리를 먹지 말라고 외치고 싶어진다. 웃어야 할 타이밍에 참지 않고 시원하게 웃어주면 내겐 가장 큰 선물처럼 느껴진다.

아무런 사심 없이 웃어 주는 대표적인 소리, 바로 아이들의 웃음소리가 그렇다. 거기엔 행복이 한 보따리 들어 있는 느낌이다. 그런데 세월의 흐름이 그 값진 소리를 가져가 버렸다.

나는 종종 큰 웃음소리 때문에 지적받곤 했다. 특히 회사 사무실에서 웃음을 참지 못해 크게 터트렸다가 팀장에게 눈치를 받기 일쑤였다. 극장에서 영화를 보다 나의 웃음소리에 남편이 연신 흘겨보기도 했다. 그럼에도 굴하지 않고 나는 느낌 오는 대로 웃는다. 눈치보다 값진 소리를 뺏길 수 없다 생각하곤 한다. 한 번 뺏기면 이 또한 익숙해져 버려서 나도 여느 사람들처럼 볼웃음만 있고 소리는 빠질지도 모른다.

어릴 적 가졌던 가장 큰 선물을 우리는 스스로 포기하고 살아간다. 시원한 웃음소리가 주는 에너지가 엄청나다는 것을 잊는다. 사람의 마음을 살 수 있는 보배로운 에너지인데 말이다.

주변의 시선과 맞바꾼 웃음소리였다면 지금이라도 늦지 않았다. 충분히 되찾을 수 있다. 박장대소 유쾌하게 웃어보라. 그 에너지가 주변을 전염시켜서 이전보다 많은 이들이 당신을 만나고 싶어 할 게 분명하다.

5장

부족할 때 타인의 장점에서 배워라

갈림길에 서 있는 당신에게

― Question ―

안녕하세요. 아나운서님의 특강을 듣고 마음이 요동쳐서 오랫동안 고민하던 일을 그만두었습니다. 방송인이면서 열정 스피치 강사를 하는 아나운서님에게 도움을 받고 싶습니다.

저는 오랫동안 근무한 회사를 퇴사하고 원하는 꿈을 이루기 위해 계획하고 있습니다. 그런데 자꾸 그 마음이 꺾이기도 합니다. 주변에서 여러 이유로 안 될 거라는 불안감을 심어줍니다. 나이를 생각해라, 그 일은 너와 맞지 않는다, 너만 하려고 하겠느냐, 많은 사람들이 하려고 할 텐데 힘들 것이다, 등등의 이야기를 듣습니다.

마음이 확고하다가도 이내 이런 말을 들으면 흔들리곤 합니다.

저의 꿈은 스피치를 연구하여 많은 사람들에게 저의 이야기를 들려주고 싶은 사람입니다. 스피치 강사부터 시작해서 끝까지 스피치를 연구하고 싶습니다.

제가 이 꿈을 이루는 데 도움을 주세요. 어떻게 하면 이 길을 계속 갈 수 있을까요?

— Answer —

꿈을 향한 마음이 얼마나 간절한지 글 속에서 충분히 느껴집니다. 대단한 용기를 내셨네요. 용기는 질문에서 시작됩니다.

질문을 한다는 것은 길을 찾기 위함이라고 봅니다. 그런 길 찾기를 하는데 어떤 길을 가야 할지도 모르는 사람도 많지만. 그래도 아주 확고하게 가고자 하는 길이 있다는 게 행복입니다.

우린 흔히 그 길을 가보지 못한 친구나 가족들에게 묻곤 합니다. 그 길을 가도 되느냐고요. 그들은 지레짐작 답합니다. 힘들 거라고. 그리고 편한 길 가라고. 그들도 가보지 않은 길인데 마치 가본 양 조언을 합니다.

이렇게 말을 하는 건 아마 자신들마저 꿈을 포기하고 살아가기 때문일 겁니다.

하지만 자신의 길을 꿋꿋하게 즐겁게 가는 이들은 당당히 말합니다. 당신의 심장이 뛰는 길이라면 앞을 보고 가라고 말이죠. 저 또한 늘 그렇게 조언합니다. 제가 그렇게 가고 있기 때문이죠. 그 과정이 생각보다 힘들지 않습니다. 오히려 가는 길이 즐겁습니다. 행여 실패하고 이 길이 내가 갈 수 있는 길이 맞

는가라며 혼란스럽고 포기하고 싶은 순간도 있겠지만 거기서 배우는 것이 분명
있습니다.

인생에서 가장 슬픈 세 가지는 "할 수도 있었는데, 해야 했는데, 해야만 했는
데."라고 합니다. 슬프게 살지 않으려면 제대로 질문하고 답을 얻어서 그 길을
가야 한다고 봅니다.

"태양을 보고 가라."

헬렌 켈러가 말했습니다. 정말 맞습니다. 그런데 많은 사람들은 밑에 드리
워진 그늘을 자주 보느라 진짜 태양을 느끼지도 못하고 주저앉습니다.

그늘은 주변의 시선이나 불투명한 미래들의 그림자가 아닐까 싶습니다. 다
니던 직장을 그만둘 만큼 스피치 강사가 되고 싶은 것이 꿈이라면 최소한 그것
을 향한 정열은 있어야 되지 않을까요?

이 모든 과정들이 에피소드가 되어서 진정으로 말을 잘하고 싶은 사람들을
도울 수 있다고 봅니다.

저는 스피치 강사가 되고자 결심했을 때, 화려한 말 기술만을 가르치는 강
사가 아니라 진정 자신의 꿈을 놓치고 안타까워하는 사람들에게 꿈을 향해 다
시 한 번 도전할 수 있는 계기를 만들어주는 사람이 되고 싶었습니다.

토론토 대학 학생들의 설문 조사에서 "가장 두려운 순간이 언제냐?"라고 물
었답니다. 1위는 죽음도, 가난도, 질병도 아닌 '대중 앞에서 말하기'였답니다.

그러니 대중 앞에 나와서 말을 할 수 있도록 마음을 움직이고 그 벽을 깬다
면 뭐가 두렵겠습니까? 가장 두려운 것을 넘어서면 그다음은 쉽습니다.

모든 이들을 그렇게 할 순 없지만, 마음이 통한 이들은 시간이 흘러서라도

통하더군요.

말은 내 마음을 표현할 수 있는 도구입니다. 표현할 수 있도록 끌어주는 사람이 스피치 강사입니다. 대부분은 마음의 자세가 안 됐기에 못할 뿐입니다. 말의 기술이 없어서가 아닙니다. 마음이 굳건해지면 서서히 입이 열릴 것입니다.

그래서 먼저 마음을 들여다볼 줄 아는 사람이 되어야 합니다. 말의 기술은 그다음 단계입니다. 이후 기술을 배우면 더 멋지게 탈바꿈할 수 있죠.

행복학 강사가 행복하지 않으면 청중은 외면하죠. 스피치 강사가 말을 못하면 역시 청중은 외면합니다. 스피치에 대해서 이론적으로 알고 있는 사람들은 많습니다. 그런데 실제 실기를 한다면 상황이 많이 달라지죠.

계속해서 무대, 청중 앞에 자신을 노출을 시키세요. 기회가 많지 않다면 학원이나 기관을 통해서라도 배워야 합니다.

몸으로 기억하시고 정리하세요.

저의 강연장에서 만난 한 제자는 저를 일 년여 동안 따라다녔습니다. 희망 강사가 되겠다고요. 그의 정말 많은 변화를 보면서 저도 놀라고 있답니다. 그 제자의 의지는 가히 놀랄 정돕니다. 쉽게 포기하지 않더라고요. 가정환경이 그리 좋지도 않습니다.

그러나 정확한 길을 알고 간절하니 나 스스로 정성을 다해서 돕게 되더라고요.

처음엔 자신이 가고자 하는 길이 막막하게 느껴지기도 하지만 간절해지는 순간 어느새 주변에서 돕는 이들이 점점 많아질 겁니다.

화려한 말 기술만 가르치는 곳이 아닌 세상을 보는 마음의 불씨도 함께 지펴주는 곳에서 배워보시길 권합니다.

분명 다른 이들보다 자신의 사용설명서를 이해하고 길을 물었기에 충분히 해낼 거라 믿습니다.

　길을 물을 땐 의심하듯, 상상하듯 말하는 곳에서 답을 얻지 말길 바랍니다. 그럼 더 휘청이며 헤매다 포기하게 됩니다. 확고하게 꿈을 이끌 수 있는 곳에서 묻고 좀 더 군건해지길 권합니다.

[2]
경험하지 않으면
이해하기 힘들 때가 있다

결혼 전엔 왜 부부들이 각방을 쓰는지에 대해서 이해할 수 없었다. 선배들이 결혼해봐~ 아이 낳아봐~ 이런 소리를 들으면 그건 삶에 대한 진정성이, 사랑이 없기 때문이야라며 무시했다.

'아니 사랑해서 결혼했는데 왜 그렇게 살아야 하는데… 왜 아이 때문에 각방을 써야 하는데….'

하지만 결혼을 하고 아이를 낳고 문득문득 내가 그땐 절대 이해 불가하던 것들이 이해가 되기 시작했다.

사랑할 땐 온 세상이 사랑으로만 보인다. 이별의 아픔을 토로하는 친구들의 마음을 도통 헤아릴 수가 없었다.

'왜 저들은 저렇게 이별의 아픔을 힘들어하는 걸까? 사랑하는 방법을 잘 모

르는 건 아닐까.'

그들의 이별을 참으로 가볍게 여겨버린다.

그러나 이제는 안다. 사랑 후 이별을 맞이하게 되면 라디오에서 들려오는 모든 이별 노래는 다 내 이야기 같다는 것을. 그리고 이별한 경험이 있는 친구를 불러내 위로받고 싶어 한다는 것을.

동병상련의 마음을 느끼고 싶어서다. 나만 힘들어하는 게 아니라는 것을 알고 싶어서다. 그 이후로 이별해서 아파하는 이들의 말에 귀 기울일 수 있게 된다. 같은 경험이 있는 사람으로서 귀를 열게 되고 나의 이야기도 꺼내 위로해줄 수 있다. 경험했기에 보이기 시작하는 것들이 있다.

친언니가 나보다 늦게 늦은 나이에 아이를 낳았다. 이미 아이를 키우고 있는 나에게 육아 경험도 없으면서 나에게 육아에 대해 훈수를 자주 두곤 했다. 내가 아이 키우는 게 보통 힘든 게 아니라 하면, 언닌 뭐가 그리 힘들다고 엄살 피우느냐며 전혀 이해 못 하겠다고 했다. 그러던 언니가 아이를 낳고서야 내 심정을 이해한다고 고백한다.

각방 이야기를 꺼내던 선배들의 이야기도, 이별한 아픔에 대해서도, 친언니의 육아도, 제대로 소통하는 순간은 바로 경험이었다. 경험하지 않은 상태에선 그들의 말이 곧이 들릴 리 없다. 혹은 쉽게 넘긴다. 귀담아듣질 않는다.

성공이라는 것도 이와 참으로 비슷하다. 성공, 거창한 무언가를 이룬 상태를 말하고자 하는 것은 아니다. 도전해서 성취감을 느껴 본 적이 있는 자만이 그제야 성공한 이들이 외치는 수많은 행동 지침, 마음가짐들이 이해되기 시작한다.

그 이전엔 그들의 말이 자신과 아무 상관 없는 이야기라고 여긴다. 하지만 한 번이라도 경험한 이들은 넘어지는 시련, 실패가 오더라도 두렵지 않다. 그 경험이라는 든든한 버팀목이 자신을 지켜주기 때문이다.

그래서 성공한 이들이 자꾸 성공의 길을, 행복을 느껴 본 이들이 자꾸 행복의 길을 가고자 하는 것이라 믿는다. 경험의 단맛을 알아버렸기에 가능했을 것이다.

경험하지 않은 이들은 먼발치에서 늘 구경만 한다.

그들의 삶은 극장에서 본 영화 같을 뿐이라고. 절대 나의 경우일 순 없을 것이다고.

그래서 말해주고 싶다.

"딱 한 번만이라도 당신이 어렵다고 생각하는 것에 도전해서 성취해 보자."

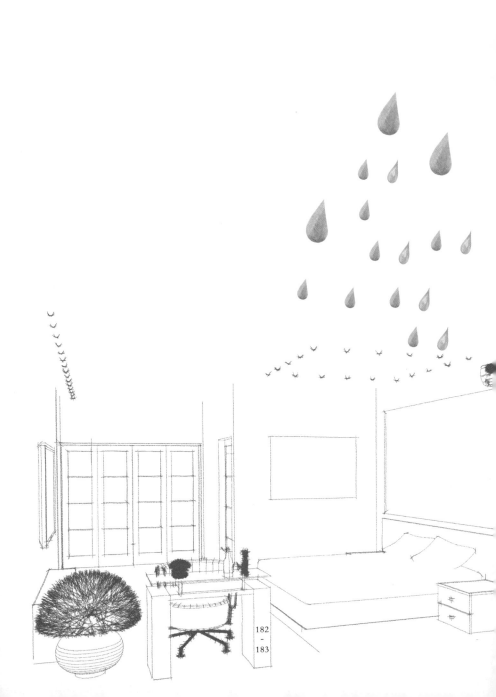

[3]
대단한 백그라운드는
순백의 자신감

학창시절 수업시간에 유난히 질문을 많이 하는 친구가 있었다. 그 친구는 항상 전교 1, 2등을 다투는 우등생이었다. 그 친구가 질문을 하면 선생님은 참 좋은 질문이라며 상세히 설명해 주시곤 하였다.

지금 생각해보면 아무 질문도 없이 수업시간을 침묵으로 일관했던 우리 반 친구들은 모두 그 문제를 이해하고 있었을까?

촬영 도중 피디 선배가 아주 간단한 영어 스펠링을 나에게 물어보았다. 그것도 아주 해맑고 궁금하다는 표정으로.

그 자리에 있던 사람들은 "아니, 서울대 나온 거 맞아?"라고들 웃으며 말했다. 그 질문 하나로 일순간 선배가 친근한 대상처럼 여겨지는 분위기였다.

질문을 한다는 것은 용기다.

우리들은 '내가 이걸 물어보면 주변 사람들이 나를 무식하게 보겠지.'라고 확대 해석까지 한다.

간혹 내가 어려운 것을 알고 있을 때도 있고, 남들 다 아는 쉬운 것을 모를 때도 있건만 스스로 이런 상태마저 들키고 싶지 않아서 입을 다물고 있을 때가 참으로 많다.

그래서 그 피디 선배의 말 한마디를 듣고 이런 생각을 한다.

'그래, 저 사람이니까 저런 것도 물어보는 거지. 저런 당당함이 부럽네. 저 당당함도 자신감에서 나오는 거야.'

정말 그런 걸까? 피디 선배는 내 학창시절 그 우등생 친구처럼 모르는 것은 당연히 물어서 궁금증을 해결하는 것이 습관이 된 것은 아닐까? 우리는 모르는 것이 있어도 누구에게 묻지 못하고 마치 알고 있는 듯, 아니 내가 모른다는 사실을 혹 누가 알까 봐 두려워 하고 있는 것은 아닐까?

난 선배에게 스펠링을 알려주면서 내가 알고 있는 것을 물어준 선배가 고마웠다.

내가 모른다는 사실을 스스로 안다는 것은 인생을 살면서 나를 받쳐주는 대단한 백이다. '대단한 백그라운드'는 정말 궁금해서 물어본 자기 생각이다. 자신에게 더도 덜도, 따지지도 묻지도 않는 순백의 자신감에서 나온 질문이 아닌가 싶다. 그런데 살면서 우리가 어디 이렇게 순백의 자신감을 표출하며 살기가 쉽겠는가.

아나운서 신입 시절 전국 민영방송 아나운서들 모임에 방송인 손석희 씨가 특강을 온 적이 있다. 후배 방송인들을 위해 어떤 말을 전할까? 두근두근 나의 기대는 한껏 고조되었다.

그런데 아주 간단한 인사 후 바로 질문을 하라고 한다. 긴 강연은 없었다. 머릿속이 혼란스러웠다.

'아니 이게 뭐지? 난 강연을 듣고 난 후에 질문을 하려고 했는데….'

이후 하나둘 손을 들어 질문을 쏟아내기 시작했다.

기필코 나도 뭔가 질문을 하고 말겠다는 강한 생각이 밀려오고 있었다. 반면 '들은 게 없으니 뭘 묻지? 아는 게 없는데.'

내가 눈 질끈 감고 떠올린 질문, "머리카락이 자주 흘러내리는 듯한데요. 그것을 손으로 쓸어 올리는 제스처를 봤습니다. 혹시 연출인가요?"

손석희 씨는 특유의 웃음을 보내며

"뭐… 별다른 의미 없어요. 그리고 방송할 땐 고정하기도 합니다."

순간 '내가 왜 이런 질문을 한 걸까? 특별한 의미도 없는 질문을 했네.'

그런데 돌이켜보면 그 짧은 순간의 용기는 두고두고 내 기억 속에

"용기 내서 잘했다."라는 메시지를 전해준다.

'질문 안 한 이들도 있는데 난 그래도 했잖아?'

누구나 항상 특별한 메시지만 묻고 질문하라는 법은 당연히 없다. 이런 말도 하고 저런 말도 하면서 성장해 가는 게 아니겠는가. 그런 사소한 단계들이 없었다면 지금의 내 모습도 갖춰지기 힘들었을 것이다.

대단한 백그라운드는 주변 시선에, 생각에 묻지도 따지지도 않는 순백의 자신감이다. 지금 이 순간 스스로가 별 의미 없는 질문이나 말을 해서 부끄러워한다면 그 마음 즉시 멈추라고 권하고 싶다.

오히려 "용기 내서 잘했다."며 토닥여주고 싶다.

[4]

무대 위에선 대통령도 떤다

아나운서들은 스피치 특강 제의를 많이 받는다. 강연을 하게 되면 주로 스피치 기술이나 요령을 강의한다. 하지만 강연을 여러 번 해본 결과 근본적인 문제를 고치지 않으면 아무리 요령을 터득해도 제대로 스피치 할 수 없다는 것을 알게 되었다. 그렇다면 많은 사람들의 근본적인 문제는 무엇일까?

몇 가지 유형의 질문과 그것을 해결하는 방법을 소개하고자 한다.

— Question —

안녕하세요. 저는 학교에서 아나운서님께 특강을 받은 학생입니다. 특강 중

미처 질문하지 못해 이렇게 메일로 질문드립니다. 저는 남들 앞에 나서서 말을 하게 되면 얼굴이 빨개지고 말을 더듬는데요. 회사 면접 볼 때도 이럴 것 같아 고치려고 합니다. 특강에서 아나운서님께서는 부끄러움을 이겨내라고 하셨죠. 저는 부끄러움이 아니라 떨려서 말을 잘하지 못합니다. 아나운서님은 방송하시면서 항상 당당하게 진행하시더군요. 다른 분들과는 남다르게 스피치 교육을 하는 아나운서님의 도움을 꼭 받고 싶습니다. 남들 앞에서 떨지 않는 아나운서님만의 노하우를 알려주세요.

— Answer —

안녕하세요. 먼저 '떨림은 절대 나쁜 증상이 아니다.'라는 말을 전하고 싶습니다. 잘하고 싶은 마음과 청중을 의식해서 나오는 증상이라 여겨집니다. 부끄러움과 다르다고 표현했지만 결국은 비슷한 감정입니다. 부끄러움도 상대방이 "나를 어떻게 생각할까?"에서 출발하는 거죠. 쉽게 말해 떨림은 부끄러움의 연장선에 있다고 할 수 있습니다.

결론은 떨려도 자꾸 부딪쳐야 한다는 것입니다. 얼굴이 빨개지고 말을 더듬는다고 사람들 앞에 서는 것을 피하면 평생 극복하지 못합니다. 고칠 생각은 하지 않고 '나는 원래 이런 사람이야'라고 생각해버리게 됩니다. 여러 사람 앞에 설 기회가 오면 의례적으로 피하고 그 무대는 자신의 것이 아니라고 간주해 버리게 되는 거죠.

저 또한 심하게 떨었던 기억이 납니다. 심장 박동 소리가 귀에 들리고 손에

쥔 원고가 바들바들 떨렸죠. 어디에든 숨어 버리고 싶고 정신이 하나도 없었답니다. 방송이 끝나고 제 자리에 앉으면 그런 제 자신이 하염없이 싫었습니다. 그런데 돌이켜보면 그것은 부끄러움, 공포였던 것 같습니다.

주변 사람들이 '나만 지켜보고 있을 거야, 틀리면 안 돼.'라는 강박관념과 함께 그들에게 인정받고 싶다는 생각이 순식간에 몰아붙이는 거죠. 그래서 앞에 나가 발표하게 되면 발표 내용에 집중할 수 없었던 겁니다.

사실 누군가의 앞에서 자신의 의지대로 말을 술술 하기 위해서는 그 순간을 몰입해야 합니다. 그런데 앞에서와 같이 머리에 잡다한 생각들로 가득하면 어떻게 몰입을, 하고 싶은 말을 능숙하게 할 수 있겠어요.

학생은 강연장에선 질문하지 못했지만 뒤늦게라도 용기를 내주었네요. 간혹 질문 안에 답이 있기도 합니다. 스스로 답을 구하면 '그렇게 해보겠노라.'라는 결심이 있기에 던질 수 있는 물음입니다. 변화의 시작을 알리는 것입니다. 이런 마음의 움직임을 그냥 지나치지 말기 바랍니다.

지금 돌이켜보면 어릴 적, 저도 학생처럼 제 모습을 남에게 들춰내려 하지 않았습니다. 하지만 내 모습을 남들에게 보여주더라도 그들이 저를 이상하게 여기지 않는다는 것을 뒤늦게 알게 됐습니다.

그때부터 서서히 내 모습을 다른 사람들에게 보여줄 용기가 생겼습니다. 용기를 통한 부딪침 때문이었을까요. 이전의 저와 비슷한 생각을 하는 사람들도 엿볼 수 있었습니다. '나만 그런 게 아니었구나.' 하는 작은 위로들이 모였고 저 스스로에게 격려하는 메시지들이 생겨났습니다. 그래서 떨리는 상황이 닥치게 되면 나만의 방식대로 주문을 웁니다.

"대통령도 떨릴 거야…. 사람인데 비슷할 거야."라며 마인드 컨트롤을 합니다. 그리고 심호흡을 합니다.

수영을 잘하려면 어떻게 해야 하죠?

일단 물속으로 풍덩 들어가 봐야 느끼게 됩니다. 그리고 힘들어도 반복적으로 해보아야 수영을 능숙하게 할 수 있습니다.

청중 앞에서 말하는 것도 아주 흡사합니다. 떨림과 말 더듬는 증상을 없애기 위해선 지금의 벽을 깨고 자꾸 여러 사람 앞에 자신을 노출해야 합니다.

지속적으로 '말하기 장(場)'을 만들어야 합니다. 누군가 만들어 주기를 기다리지 말고 스스럼없이 여러 사람 앞에 자신을 노출하세요. 그리고 자신의 생각을 당당하게 말하세요. 그러면 조금씩 변화를 느낄 수 있을 겁니다.

절대 단번에 좋아지지 않습니다. 혹은 반복하면 할수록 생각한 것처럼 안되는 순간도 올 것입니다. 당연한 과정입니다.

인간이 가장 행복하다고 느끼는 순간이 있습니다. '자신이 성장하고 있다'라는 것을 느끼는 순간입니다. 그것을 꼭 느꼈으면 합니다. 그럼 당당히 누군가에게 조언을 해주고 있는 자신을 보게 될 겁니다. 숱한 과정이 바탕이 된 거랍니다.

상처받는 사람만 안다

다른 사람의 기분을 생각하지 않고 상처를 주는 사람들이 있다. 그들은 자신이 남에게 상처를 주는지 잘 알지 못한다. 만약 누군가에게 상처받는 말을 들었다면 그냥 웃으며 넘기는 것도 한 방법이다. 웃어넘기는 힘이 상처 준 사람을 변화시킬지도 모른다.

남을 비난하는 사람은 스스로 인지하지 못한다. 자신이 무시당하는 것이 두려워 무의식적으로 나오는 버릇 같은 거니까. 일일이 그것에 반응하고 상처받지 않길 바란다.

— Question —

말로 무시당했을 때 대처법을 알려주세요. 아나운서님께서는 이런 대처 능력이 있을 듯합니다. 어떻게 해야 할지 몰라 당황하고 상처받곤 합니다.

— Answer —

자신을 무시했다고 느껴지는 말을 들었을 때 정말 그 자리에서 더 심한 말로 화를 내고 싶고, 한 대 때려 주고 싶은 마음이 생기는 것은 인지상정입니다. 하지만 그렇게 했을 때 일이 커질 거라는 건 본인도 아주 잘 알죠. 그게 상사 혹은 선배일 경우엔 더욱 돌이킬 수 없는 큰일이 될 수도 있죠.

물론 저도 그런 적이 있었습니다. 이 상황을 어떻게 대처할까 숱하게 고민도 했죠. 말을 하고 가르치는 업을 하고 있으니 논리적이고 정곡을 찌르는 말로 그들에게 되갚아 줄까도 생각했습니다. 물론 가볍게 말로 풀어야 하는 상황도 있죠.

그런데 이 질문을 할 정도면 그냥 가볍게 무시당해서 한 질문은 아닐 거라 여겨집니다.

무시하는 말을 주로 쓰는 이들을 유심히 살펴보면, 무시나 비난의 말을 퍼붓는 사람은 내게만 그런 말을 하는 게 아니라는 것을 알게 됩니다.

나뿐만 아니라 다른 이들에게도 그런 식으로 상처를 주는 경우가 상당히 많더라고요. 표현을 안 했을 뿐, 질문하신 분처럼 속앓이 하는 이들이 꽤 있더라는 겁니다. 상처 주는 말을 하는 사람들은 자신이 무시당할까 봐 미리 방어적으로 도리어 상처 주는 말을 하는 경우가 많다는 것을 알게 되었어요.

그렇게 하는 것이 은연중에 자신을 보호할 수 있는 방법이라고 생각하며 살아온 거죠. 그런 삶이 쌓이고 쌓여서 자동적으로 만나는 사람에게 무시하는 말을 던지는 사람도 많답니다. 그래서 이후엔 자신이 하는 말이 상대에게 상처를 줄 거라는 예측도 못 한 채 내뱉곤 합니다. 자신이 던진 말이 누군가에겐 얼마나 큰 상처로 남을지를 감지하지 못하더라고요.

어찌 보면 측은한 마음이 들기도 합니다. 이 세상엔 따뜻한 말들도 많은데 말이죠. 그런 사람은 자신이 무시당하는 말을 들으면 도리어 가만히 있질 않아요. 아주 발끈하죠.

밝고 긍정의 말을 건네는 사람은 자신의 삶도 그러합니다. 주변인들에게 상처 주는 마음을 안겨주지 않죠. 반면 부정의 말을 하는 사람은 자신의 삶도 어둡습니다. 주변인들에게 상처 주는 경우가 많으니 삶이 밝을 리 없죠.

저 역시 그러한 상황에서 너무 화가 나서 미치고 팔짝 뛸 것 같지만, 가만히 생각해보면 그것을 참지 못하면 결국은 나만 상처받고 후회하게 된다는 것을 알게 되었답니다.

그 순간이 지나고 나면 이내 '우리가 걱정했던 것들은 아무것도 아니었구나.'하고 느낄 겁니다.

연애는 영화다

연애는 영화다.

결혼은 현실이다.

일상의 모습을 그대로 옮겨 놓은 듯한 현실적인 영화를 보고 문득 스치는 생각이다.

우린 "역시 영화는 영화다."라는 말을 자주 한다. 그러면서 자주 극장을 찾는다. 잠시라도 일상에서 느끼지 못한 것을 대리만족하고 싶은 시간을 택하는 길이 극장 나들이가 아닐는지.

꿈을 이뤄가는 주인공의 삶, 절절한 로맨스를 그려내는 장면들이 일상에서 실현하지 못한 자신의 욕구를 대변해주는 것 같아서 영화에 매료되기도 한다.

간혹 어떤 이들은 영화가 심하게 현실성이 떨어진다고 투덜댄다.

그런데 그들마저도 일상을 그대로 표현해내는 작품을 보면 입 모아 재미없다고 한다.

영화는 어느 정도 현실과 비슷한 듯하면서 잘 다듬고 꾸며져야 돈을 내고 시간을 낸 것에 아까워하지 않는다. 영화를 대하는 우리의 마음의 자세는 기대와 설렘이다. 편집된 무언가에 매력을 느끼는 인간의 심리를 여기서 엿볼 수 있다.

현실로 돌아와 가정에서의 자신을 돌아보면 눈곱조차 떼지 않은 민낯의 얼굴부터, 매일 먹는 식사 모습, 우울하면 우울한 대로, 즐거우면 즐거운 대로, 특별한 일 없는 그저 그런 일상의 모습을 담고 있다.

일상의 모습을 그대로 따라다니는 카메라 워킹, 편집되지 않은 사소한 것들의 연속, 이것이 바로 우리의 평범한 모습이다.

이때 자신의 삶에 짜증이 난다. 나의 현실을 영화를 통해 돌아보게 된 것이다. 오늘의 나는 어제의 나와 같게 보이지만 엄밀히 살펴보면 같은 내가 아닐 수도 있다. 의식의 차원을 달리한다면 오늘은 어제와 다른 내가 될 수 있다.

연애는 영화를 대하듯 그간의 경험하지 않은 특별한 무언가로 심장이 뛰기도 한다.

액션이든, 멜로든, 판타스틱이든, 다양한 장르가 우리 안에 잠든 무언가를 꿈틀거리게도 한다.

스크린 속에 등장하는 인물, 구성을 보면 꾸며져 있다. 아침에 일어나도 메이크업이 되어 있는 배우들의 모습이 마치 그녀의 일상 같고, 뭐든 해낼 수 있을 것 같은 주인공의 삶의 자세들을 보며 역시 달라도 다르구나 싶은 마음을 갖게 한다.

평소에도 저 배우는 그럴 거라고 착각이 들 정도다. 눈앞에 펼쳐지는 모습에 감탄한다. 우리의 연애 모습과 흡사하다.

연애할 때의 만남은 여자든 남자든 평소의 모습에서 편집해 만난다. 그 모습을 보며 마치 늘 그럴 거라 착각하기도 한다. 잠시 꾸며진 짧은 만남이 기대감과 설렘을 준다.

결혼 이후에도 그 모습 그대로일 거라는 착각으로 식장에 들어선다. 어느 순간 영화가 아닌 현실임을 서서히 깨닫기 시작한다. 영화 속 그 남자 그 여자가 아닌 현실 속의 그 남자 그 여자가 있다. 마음속엔 계속 영화이길 바라는 마음으로 꽉 차 있는데 말이다.

그녀의 눈곱 낀 모습도 봐야 하고, 코 파는 모습도 보게 되고, 폭탄 맞은 머리카락도, 헐렁한 옷차림도 보게 된다.

그 남자가 안 씻고 잔다는 사실도 결혼하고서야 안다. 방귀도 뿡뿡 끼고 다니며, 양말은 아무 곳에나 벗어던져 놓고, 소파에 누운 처진 배가 상당히 게을러 보이기 시작한다.

연애 때는 전혀 생각도 예측도 못 하는 부분들을 마주하게 된다. 영화가 완성되기 이전의 어수선한 편집실을 보는 것 같기도 하다. 그러나 그게 현실이고 일상의 평범한 모습이었던 것이다.

결혼하니 자꾸 단점이 보인다 하는 것은 연애 때 편집된 그 남자, 그 여자의 모습을 보고 사랑했기 때문이다. 결혼 후에 보이는 것은 편집 없는 일상을 공개한 것이나 마찬가지다.

가끔 어떤 부부들은 말한다.

"우리 부부는 여전히 설레고 연애하는 기분이다."라고….

그러나 대부분의 부부들은 말한다. "그게 말이 돼? 부부는 그냥 가족이야." 라고 반문한다.

그렇다. 말이 되는 부부들은 연애 때처럼 편집된 모습을 보이려 노력했기에 이뤄낸 감정들일 것이다.

방귀도 뀌지 않으려 참는 모습. 상대보다 조금 일찍 일어나서 정갈하게 외모를 꾸미는 자세들. 조심스럽게 대해주는 말투들을 유지하는 부부의 결혼 생활은 여전히 영화의 연속이다.

그래서 결혼 후에도 현실로 살 것인지. 영화처럼 살 것인지는 한 번쯤 생각해 볼 일이다.

분명 영화처럼 산다는 것은 다소 불편한 것들이 있다. 하지만 조금 불편하더라도 연애 감정을 수시로 느끼며 산다면 이보다 더 행복할 수 있겠는가…. 세상을 다 얻은 듯했던 그때의 느낌 말이다. 서로의 모습에 정말 반한 눈빛으로 마구 치켜세우며 서로를 응원해줬던 감정들이 되살아나 남은 날들을 춤추게 할지도 모른다.

'영화는 영화일 뿐이다. 연애는 연애일 뿐이다'가 아니다. 사실은 충분히 실현할 수 있는 부분도 있다.

자신의 영화 같던 연애기간이 짧았기에 늘 영화 같은 짧은 한 컷 기억에 매여 있다. 그 한 컷의 기억만 붙들고 실제를 살아가는 지금은 무미건조한 게 당연한 삶이라고 여긴다.

하지만 조금만 기억의 필름을 돌려보면 이 순간에도 당신은 그렇게 살아갈 수 있다. 자신의 편집된 모습을 충분히 실천할 수 있다. 단지 조건이 붙는다. 한 없이 내려놓는 편안함이 아닌 약간의 긴장감으로 상대를 대하는 것이 한 방법 이다.

언제까지 무미건조한 현실에 자신을 가두고 살 것인가.

불편한 무엇을 감수한다면 생동감 있는 당신의 모습을 찾을 수 있을 거라 믿는다.

트림이 나오려 하면 참거나, 이에 뭐가 끼진 않았을까 조심스레 혼자 거울을 들여다본다거나, 예뻐 보이기 위해 옷을 골라 보기도 하고, 말투도 최대한 예쁘게 하려 노력했던 자신의 모습들을 떠올려 보면…

우리가 충분히 할 수 있는 일들이다. 언젠가 했던 것들이다. 자신을 적절히 편집하는 능력을 갖춘다면 결혼도 영화가 될 수 있지 않을까!

피부에서 배운 삶의 뿌리

피부 트러블, 각질, 여드름이 난무할 때, 광을 낸다는 파운데이션, 커버력이 좋다는 파운데이션을 써봐도 소용이 없다.

20대 시절 나의 피부가 그러했다. 트러블 많은 얼굴을 진정시키기는커녕 시간이 지날수록 메이크업으로 진하게 덧칠하기만 했다.

트러블을 내버려두면 저절로 없어질 거로 생각했다. 간혹 주변에서도 그런 여드름, 트러블은 시간이 해결한다고들 했지만 10년이 지나도 나는 전혀 해결되지 않았다. 아침마다 거칠어진 피부를 숨기는 시간이 점점 길어졌다. 민낯을 버젓이 보이기는 정말 두려웠다. 좋다는 화장품을 사는 데 쓴 비용도 상당했다. 이러면 안 되겠다는 생각에 피부과에 가서 진료를 받고 치료하기로 결심했다.

"피부과 가봐야 별 소용 없다. 시간 지나면 절로 좋아진다."라는 말을 믿었던 나였다. 그러기에 10여 년 거울을 보면서 고민만 하며 지냈던 나였다.

피부과의 치료를 받으면서 단번에 극적으로 좋아지진 않았지만, 점점 피부가 안정화되는 것을 서서히 느끼기 시작했다. 그렇게 피부 기초를 다지고 난 후, 이제는 피부과를 정기적으로 가서 약을 사용하지도, 비싼 레이저를 쏘지 않아도 됐다. 피부에 조금씩 자신감이 생기니 아침 시간에 두꺼운 메이크업을 하는 데 시간을 많이 투자하지 않아도 됐다는 게 큰 장점이다.

비싼 화장품을 사용하지 않아도 되었다. 성능 좋다는 고가의 클렌징 제품, 파운데이션 등등에 더는 귀를 솔깃하지 않아도 됐다.

피부과 가면 무슨 소용이냐, 돈은 얼마나 들 것이냐 등등의 생각으로 계속 내버려뒀더라면 나는 어쩌면 지금도 아침마다 피부를 가리는 데 사투를 벌였을지 모른다.

'그저 시간이 해결해주겠지'라는 생각이 계속 머릿속에 자리했더라면 어떠했을지, 지금도 달고 다녔을 피부스트레스를 생각하면 끔찍하다. 불편해도 결단을 내리고 기초를 탄탄하게 만들고 나니 편한 게 한두 가지가 아님을 느끼기 때문이다.

거울을 종종 보면 깨닫는다. 트러블이 있어도 스트레스받지 않는 성격이라면 그것을 고치지 않아도 됐겠지. 볼 때마다 그로 인해 맘이 불편하다면 고쳐야 하는 게 분명하다는 것을.

어느 순간 내가 피부과를 선택했듯이 과감한 결단이 필요하다. 평생을 내가 이렇게 근심 걱정을 덮고 덮어서 무한 반복의 불평을 쌓아 갈 것인지, 아니면 어떤 방법으로든 근본적으로 잘못된 것을 뿌리째 들어낼 것인지 판단해야 한다.

삶 속에서 나의 불편한 성격, 생각들도 어쩌면 피부에서 느낀 과정들과 비슷한 건 아닌지.

시간이 지나면 저절로 개선될 거라 믿고 내버려 둔다면 절대 고쳐지지 않고 꾸준히 따라붙어서 순간순간 자신을 괴롭힌다.

혹은 그 불편함을 다른 무언가로 감추려고도 한다. 흔히 명품 옷이나 가방을 쇼핑해서 해소한다거나, 술을 진탕 마시고 문제를 생각하지 않는다거나.

하지만 그 순간뿐이지, 마음 깊숙이 박힌 자신의 삐뚤어져 버린 무언가를 바로 잡지 않는다면 이런 불편함은 무한 반복일 게 분명하다.

피부의 기초에서 느꼈듯이 마음의 뿌리도 굳건하고 맑게 청소된다면 그 어떤 힘든 일이 다가와도 잘 헤쳐나갈 수 있는 힘이 생길 거라 믿는다.

더 이상 자신을 비싼 명품으로 일순간 포장하지도, 술로 진하게 위로하지 않아도 될 것이다. 지금 불편하고 잘못된 생각들이 있다면 저절로 해결될 거라고 내버려두지 않길 바란다. 특단의 진단을 내려 보길 권한다.

자신의 잘못된 무언가를 바로 잡았을 땐 피부에서 새살이 돋아 자정 능력이 생겨 절로 빛을 뿜어내듯이 조금씩 삶의 빛을 읽어 갈 수 있을 거라 믿는다.

6장

꿈이
또다른 꿈을 낳는다

[1]
목소리 훈련법

이 훈련법은 무조건 반복적으로 행해져야 한다.

처음에 배를 볼록하게 내밀 정도로 숨을 깊게 들여 마셔 보자.

처음엔 어깨에서 호흡이 머물겠지만, 의식적으로 숨을 배꼽까지 들이마셔서 배를 내밀어 보자. (여러 사람과 함께 있으면 조금 민망한 모습이긴 하죠.)

화장실이나 혼자 있는 시간이면 수시로 이 복식호흡을 반복해보자.

이 목소리 훈련은 복식호흡이 기반이 되어야 한다.

그다음 장, 단음 훈련을 하는데, "가나다라마바사…"를 있는 힘껏 장음으로 말해 보자.

그냥 모든 발음을 길~~~~~게 말해 보자.

이후 같은 발음을 스타카토인 단음으로 말해 보자.

실제 단어들은 모두 장음과 단음으로 이뤄져 있다. 그러나 이 훈련법에서는 무조건 장음은 호흡이 끝나는 순간까지 장음으로 말하고, 단음은 호흡을 내뱉듯이 아주 큰 소리로 짧게 소리를 내자.

그렇게 하면 자신에게 숨겨진 소리를 발견할 수 있을 것이다.

장, 단음 훈련 시에 복식 호흡을 꼭 동반해야 한다. 그래서 틈날 때마다 "하 헤 히 호 후"를 외치며 호흡 연습을 해야 한다.

이런 훈련이 몸에 익고 나면 신문 사설이든 본인이 좋아하는 글귀를 찾아서 읽어보자. 그리고 그것을 녹음해서 들어보자. 자신의 목소리를 듣는 과정은 참으로 어색해서 이 훈련을 포기하고 싶은 심정이 들 수 있으나, 이 어색한 과정을 넘겨야 한다. 어색함이 반복되면 익숙함이 되고, 익숙함이 반복되면 능숙해지게 된다.

모든 사람들이 방송인이 될 것은 아니지만(물론 타고날 때부터 좋은 목소리면 좋겠지만) 자신의 목소리를 변화시키고자 하는 굳은 의지가 있다면 분명 변화할 수 있다.

위에 언급한 부분들을 의식적으로 반복훈련을 하다 보면 어느 순간엔 의식하지 않아도 자연스레 복식호흡을 동반한 강약조절이 가능한 자신의 목소리를 찾을 수 있다.

어릴 적 젓가락질이 서툴렀을 때를 생각해보자.

숟하게 젓가락을 떨어뜨리고 입에 반찬을 넣기까지 참으로 힘이 든다. 이런 지난한 과정을 거치고 나면 어느 순간 젓가락으로 반찬을 의식하지 않아도 잘 먹을 수 있게 되는 건 누구나 알고 있다.

이와 아주 흡사하다.

훈련을 하다 보면 과연 내가 복식호흡이 될까? 혹은 장, 단음을 잘할 수 있을까? 의심하게 하게 되는데, 이런 의심을 하면 절대 이 훈련법의 과정을 혼자 마스터하기 힘들다.

마음 굳히기가 끝났다면 한 번 도전해보자.

스피치 훈련과정은 이렇게 먼저 마음 열기가 우선이고, 다음이 스피치의 부가적인 스킬 익히기이다. 그래야만 오롯이 자신의 것으로 흡수할 수 있다.

혼자 힘들다면 이 분야에 관심 있는 사람들의 모임을 만들어서 훈련을 해보는 것도 좋은 방법이다. 혼자서만 하면 재미가 없어 쉽게 지치게 된다.

무엇이든 할 때 재미가 있어야 한다.

재미와 의미가 동반되어야 중간에 나가거나 포기하지 않게 된다.

[2]
너는 꿈을 이룰 수 있을 거야

영민아!

일단 누구에게도 말하지 않은 너의 꿈을 들려줘서 정말 고마워.

너의 꿈을 이룰 수 있을 것이라고 나는 장담해.

너의 꿈에 대해 비웃는 사람들과

너의 꿈이 비현실적이라고 말한 이들은

자신들이 해보지 않았기에 그렇게 말할 수 있어.

지금까지 꿈을 이룬 사람들을 만나 이야기해 보면

너의 꿈은 건실하고 성장해 갈 수 있는 멋진 꿈이라고 말할 게 분명해.

그들도 그렇게 자신의 꿈을 이루었기 때문이야.

나 또한 그래.

예전에 내 꿈을 말했을 때 "너는 꿈을 이룰 수 있어."라고 누구도 말해주지 않았어.

지금 생각해보니 그럴 수밖에 없는 이유는

그들조차도 자신의 꿈을 포기하거나 접고 살기 때문인지도 몰라.

해보지 않은 길에 대한 불확실성 때문에 말이야.

이런 비슷한 질문에 고민하는 학생들이 많은 것 같구나. 무언가를 하고 싶은데 주변에서는 '넌 안될 거야. 포기하라' 한다고.

예를 들면 어떤 여학생이 피디가 되고 싶어 하는데, 주변의 선배, 친구들은 '넌 성격상 피디는 될 수 없어'라는 말로 의욕을 꺾어 놓기도 하지. 생각해보면 그들이 피디를 해본 것도 아닌데, 피디를 할 수 있는 성격이 무엇이길래 그런 편견으로 누군가의 꿈을 섣불리 접으라고 말하는 것인지, 막연히 어디선가 들어본 이야기를 빗대어 쉽게 속단해 버리곤 한단다.

그런데 그때 그들이 걸어보지 않은 길에 대해 아주 비관적으로 말들을 한 사람들이 그 이후 내게 펼쳐진 신나는 일들을 보며 "잘했다, 부럽다."라고들 해. 물론 간혹 나에게 용기를 주는 사람도 있었지.

그런데 부정과 긍정 사이에서 자기 앞길이 부정적일 거라고 예측을 해주면 그걸 피하려는 게 사람 심리거든….

주변에서 무엇을 말하든 가슴 떨리는 나의 삶을 이끌어 갈 사람은 자신이기에 그 갈림길에서 선택은 영민이가 해야 하는 것이야.

부정을 생각하면 자꾸 그런 모습이 펼쳐지기 시작하지.

하지만 긍정을 생각하면 신기하게도 그쪽 모습에 가까워짐을 느낀단다.

수많은 사람들은 자신들이 경험해보지 않고 마치 한 것처럼 말들을 하지….

그러나 부정적인 생각에 굴하지 않고 도전하는 용기 있는 사람들이 성공하는 것은 당연하다고 생각해.

그냥 "운으로 쉽게 이뤘어요."라고 말하는 이들보단 굴곡의 시간과 갈림길에서의 선택들을 남들과 다르게 한 이들이 많지.

그 선택이 쉽지 않기에 이 세상에 꿈을 이룬 사람이 많지 않은 거겠지. 그만큼 선택은 용기를 필요로 하지.

자꾸 덤비다 보면 길이 보이기 시작하고 열리더구나.

그런데 난 내 성격대로 일단 하나에 미치기를 줄곧 한 듯하다.

이렇게 무엇인가에 몰두하면 그냥 쏟아 붓는 성격 말이야.

천재적이지 않아서 계속 생각한 것을 실천하는 거지…. 그러다 보면 누군가에겐 천재로 보여지게 되나 보더라.

그리고 '술에 대한 이야기' 이건 정말 많은 젊은 친구들에게 꼭 전하고 싶은 이야기였는데 마침 영민이가 잘 꺼내줬구나

학교, 직장에서 술 빼곤 생활할 수 없다는 말….

술 빼고 생활 충분히 할 수 있다고 말해주고 싶다.

내 옆에 있는 회사 동생이 아주 비슷한 생활을 하고 있어서 그 동생의 생활 패턴을 바꾸기까지 오랜 시간이 걸렸다

그는 고등학교 시절부터 저녁 시간에 친구들과 어울려 노는 게 습관처럼 되어 있었다.

그리고 서른…. 여전히 쉽게 고쳐지진 않더구나.

그들이 흔히 고민하는 것이 저녁에 만나서 습관적으로 무의미한 말들을 주고받으며 시간을 보낸 후 집에 돌아와 후회를 하며 내일은 달라져야 하지 하다가도 또 약속을 잡고 있는 자신의 모습이 한탄스럽다는 것이다. 저녁에 아무런 술자리도 없어 집에 들어가는 것이 어색한 상황까지 되어버린 것이다.

어쩌면 중독인 셈이지…. 그리고 세상 사람들 대부분이 그렇게 살고 있다고 스스로 위로하며 핑계를 외부에서 찾지.

이러한 생활이 길어질수록 당연히 성장은 다른 사람들에 비해 늦을 수밖에 없겠지.

조언도 그걸 느끼는 사람에게 건네야 효과가 있지. 그런 생활에 푹 빠져 있는 사람에게 아무리 설득하려고 충고의 말을 전해봐야 전혀 흡수되지 않더구나.

영민이는 그런 마음을 다른 친구들보다 빨리 느꼈기에 자신이 바라는 삶으로 충분히 잘 갈 수 있을 거라 믿어.

영민아!

대학 졸업 후의 삶이 더 중요하다고 말하고 싶다. 사회에 진출하면 학생 시절처럼 고민하고 생각할 여유도 없는 그야말로 모든 것이 실전인 세상이야. 자신의 에너지가 넘치지 못하면 누구도 인정해 주지 않는 세상이야.

반면 열정으로 살아가는 이들은 어느 순간에 자연스레 만나게 되더구나. 그런 눈빛들을 가진 이들이 서로를 알아보는 거지. 그리고 서로에게 힘을 실어주는 사이가 되지.

영민이가 스스로 느끼고 있다니 얼마나 다행인지 모른다.

자신의 일만 제대로 즐기며 잘 해내면 굳이 술로 인맥 관리 하지 않아도 그 사람들은 능력으로 다시 사람을 찾더구나.

나 역시 사회생활을 하다 보니 정말 많은 술자리를 경험했어. 그러나 일단 내일을 준비하는 게 더 중요하기에 나는 과감히 선택했다. 아주 정말 필요한 자리가 아니라면 그 시간을 나를 위해 투자하기로.

그랬더니 정말 능력으로 알아주는 이들만 나를 일의 파트너로 불러주더구나. 그래서 매해 방송이며, 행사 진행, 강의도 꾸준히 연결되더라….

술로 친분을 다졌지만 막상 일을 맡겼을 때 별로였다면 상대방도 난처하겠지. 이러한 인맥의 힘보단 자신의 능력으로 당당히 검증받을 때의 느낌이 더 뿌듯한 법이다.

물론 모든 술자리를 끊으라는 것이 아니야. 영민이가 불안하다 느끼는 그런 자리는 피해도 괜찮다 권하고 싶다.

오히려 그런 자리가 만성이 되면 자신도 모르게 시간을 갉아먹어서 무서운 결과로 이어질지도 몰라.

차라리 그런 자리를 차를 마시며 미래를 설계하는 이야기를 나누는 데 시간을 사용하길 바란다.

자신이 변화하면 변화된 이들이 그 주변에 모이게 된다.

내 강의나 수업을 듣고 이렇게 영민이처럼 꾸준히 미래를 설계하는 학생들을 보곤 한다. 반면 그 순간엔 반짝하다가도 현실에서 무너지는 아이들도 많이 봐 왔다.

그날 특강이 끝난 이후에도 대부분의 눈빛들이 열정으로 가득해 보였다. 하지만 그 마음을 이어가는 이들은 드물다.

이번 강연 후기를 블로그에 올려놓은 것을 보고 난 또 한 번 감동하기도 했다. 그러면서 제발 그 마음 변치 않기를…. 기도했단다.

나의 두 번째 책을 기다려준다니 고맙고, 고맙다^^*

오늘 나의 두서없는 답변이 조금이라도 도움이 됐길 바란다.

[3]

길과 길을 연결해주는 사람이 되자

정훈아 안녕.

메일을 통해 정훈이와 소통을 하니 참 좋구나.

지난번 강연이 끝난 후 정훈이는 상담시간에 나에게 말했지.

"선생님, 다들 평탄하게 가는 것 같은데 나는 계속 좁은 길만 가는 것 같아요."

어쩌면 정훈이의 지나온 생활이 평탄치 않았기에 우리가 또 이렇게 소통하고 있지 않을까? 평탄하기만 하면 내게 보낼 메일 내용도 없었을 테고 내 책이 정훈이 마음을 울리지도 않았을 거야.

무엇보다 지금 막연하게 생각하는 사람을 세우고 돕고 싶은 그런 마음도 갖지 못했을 거라 생각해.

정훈이에게는 앞으로 수많은 좁고 험한 길들이 나타날 거야. 그 길은 지나온 사람들에게는 왜 그 길에서 방황했었나 하는 쉬운 길일 수도 있겠지만 걸어본 일 없는 정훈이에게는 숱하게 고민하고 생각한 끝에 천천히 그 좁은 길들을 지나고 있는 듯해.

정훈! 좁은 길이 언제나 좁은 길은 아니야. 좁은 길을 지난 후에야 비로소 큰길로 연결되지. 그러나 많은 사람들은 좁은 길에서 방황하며 힘들어질 때면 쉽게 포기를 생각하지. 대부분의 사람들은 마음속으로는 이 지루한 일상에서 벗어나 획기적인 새로운 인생이 자기 앞에 펼쳐지길 원하지만, 대개는 생각만으로 끝나지.

자신이 원하는 그 새로운 인생은 익숙한 일상과 단절을 의미하는 것이기도 해. 강철이 뜨거운 불과 수없이 많은 담금질을 통해 유용한 도구가 되듯이 고통과 시련 없이 변화를 바란다는 것은 허황된 꿈 아닐까?

물론 좁은 길목에서 느끼는 감정도 힘듦이 아닌 즐거움이어야 한다고 강조하고 싶구나.

난 그래서 누군가의 그 좁은 길목에서 안내자 역할을 하고 싶은 마음이란다. 길을 헤매며 힘들어할 때 이 길을 피하지 말고 조금만 더 가보라고 말해주고 싶다.

많은 사람들이 심장 뛰는 무언가가 분명 있을 텐데도 피해버리거든. 그것을 찾으려면 자신에게도 수없이 물어야 하고 힘들거든.

이때 정훈이처럼 누군가에게 도움을 요청하고 힘을 얻어서 또 물어가다보면 가면 점점 보이기 시작할 거다.

영어 단어에도 wynd 가 있더구나. 좁은 길, 골목길. 그래서 그 단어가 좋아서 요즘은 나를 통해 나아가는 사람들이 지금보단 많아졌으면 하는 바람으로

'와인드 스피치'라 이름을 만들기도 했다.

우리 정훈이도 나를 만나 길을 찾고 있는 것 같아 기분 좋다.

무엇보다 정훈이는 우리 안에 있었던 사자임이 분명하다. (지난 강의시간에
했던 내용 기억하지?)

정훈이의 지나온 과거는 훗날 누군가에게 희망이 되는 이야기가 될 것이다.

눈빛에 열정 가득한 모습! 나의 마음도 춤추게 한다. 고맙다.

[4]
말하기 장단점을 파악하는 길

민준아 안녕.

일단 새로운 목표가 생겨서 기분 좋은 설렘 갖게 된 거 축하한다.

꿈이 일렁인다면 그 꿈을 향하여 죽이 되든 밥이 되든 아니, 밥이 죽이 되지 않도록 후회하지 않을 만큼 뛰어보렴.

그래야 미련이 없다. 미련이 없을 때 포기하는 거다. 그런 다음, 다음의 꿈으로 넘어가라 말하고 싶다. 그럼 살면서 난 가슴 뛰는 삶을 살았구나 할 것이다. 혹시라도 가는 길을 의심할까 봐 미리 말해두는 거다.

그리고 발표시간에 너는 방황하며 말썽꾸러기였던 학창시절을 말하다 소심한 성격이라 공개적으로 말하지 못하고 나에게 개인면담시간에 마음을 털어 놓았지. 누가 들으면 '그게 말이 돼?'라고 하겠지만, 난 충분히 이해한다. 나도 그랬거든.

그리고 내 책에서도 나오는 부분이지만 감추고 있을 뿐, 알고 보면 누구나 내성적이라는 말 기억해.

단지 그 상황이 사람마다 조금씩 다르게 표현되고 있다는 것이다.

특히 발표하는 모습만 봐서는 누구나 민준이가 소심할 거로 예측하진 않을 것이다. 난 조금 더 많은 사람을 만나보고 이런 고충들을 듣다 보니 하나둘 답을 얻게 된 것일 뿐이야.

나 또한 지금도 여전히 소심하고, 떨리기도 한다. 하지만 끊임없이 이겨내려 실천에 실천을 거듭하니 조금은 익숙해져 보일 뿐이다. 나의 소심한 성격과 떨림 때문에 내가 좋아하는 가슴 뛰는 일을 멈추고 싶진 않기 때문에 남모르는 많은 노력이 있었다는 것을 말해주고 싶구나.

사람들은 쉽게 힘들면 포기하라고 하지. 포기하면 당장은 편하단다. 부담스럽고 힘든 그 무엇을 하지 않아도 되니 말이다. 그리고 포기를 하면서 그럴싸한 숱한 핑계들을 둘러대지.

민준아!

떨림을 극복하고 싶다 했지. 그런데 그건 완전히 없앨 순 없다. 그래서 누가 많이 그것을 극복하기 위해 자주 사람들 앞에 서보느냐가 중요하단다. 완전히 없애는 게 아니라 조절할 수 있는 제어 방법을 터득하는 것이 중요하지.

내가 느낀 민준의 발표는 자신감이 있어 보이기엔 충분하다. 힘찬 발걸음과 제스처에서 느껴진다. 시선을 피하지도 않는다. 발표로만 봐서는 소심할 거라는 느낌은 없다. 하지만 전문 강연자가 되기엔 많이 갈고 닦아져야 하는 건 분명하다.

이렇게 자신의 갈 길을 분명하게 밝혀두면 주위 사람이나 또는 나처럼 민준보다 앞서 그 길을 가는 선배로서 너의 행동을 이해하기엔 많은 참고가 되지.

누군가는 스피치 전문가의 길을 가는 것보다 앞으로 사회생활을 함에 있어 누구와도 멋진 대화를 하고 싶은 게 바람인 사람도 있거든.

민준이는 목소리가 크긴 하나 성량이 풍부하진 못한 듯하다. 그래서 기초부터 탄탄히 한다면 훨씬 안정감 있는 목소리를 낼 수 있을 거라 보인다. 그래야 오랜 시간 강연자로서 청중을 신뢰성 있게 더 집중시킬 수 있거든. 하지만 지금은 잠깐 듣기엔 괜찮은 발표지만. 오랫동안 그 목소리로 하기엔 자칫 소리만 지르는 것처럼 보일 수도 있단다.

복식호흡으로 민준이만의 안정적인 톤을 찾아라. 그리고 강약을 제대로 실어서 말을 더욱 풍부하게 들리도록 했으면 한다. 여전히 민준이는 '강'으로 이야기하는 경향이 있는데 멈춤도 적정히 사용해주렴.

손동작이나 발걸음을 움직이는 것은 참으로 좋다. 다른 이들은 그런 움직임이 떨려서 나오지 않기도 하거든. 그래서 민준이는 지금의 모습이 남들보다는 좋은 장점이라는 거 알지.

몸은 기억한단다.

말 조금 잘한다 해서 이 길을 갈 수 있는 건 아니다. 정말 가고자 한다면 자신의 몸을 계속 기억하게 만드는 반복 연습이 필요하다. 난 그것을 십여 년을 하고서야 서서히 느끼게 되더구나.

민준이 역시 자꾸 자신을 열정이 숨 쉬는 곳으로 이끌어서 자극받고 반복적으로 훈련하길 바란다.

지금은 다소 불안정한 발표. 붕 뜬 듯한 발표인 건 사실이다. 그러나 내가 칭찬을 했던 것은 민준이의 용기였다. 이제 시작이잖아. 많은 학생들 사이에서 용기 있게 손들고 발표한다는 건 대단한 거다.

　그리고 내용면에 있어서도 조금만 더 다듬어진다면 훨씬 좋은 결과가 나오리라고 생각해. 이 또한 계속 수정의 수정을 거듭해야 한다. 내가 알려준 여러 가지 팁을 동원해서 말이다. 참! 속도 조절도 필요하다. 떨림을 감추려고 큰 목소리, 빠른 속도를 내기도 하게 되는데 이런 점을 신경 써서 조금씩 변화시켜 보자.

공허한 시간들의
메아리!

삶을 꾸려가는 일은 불안하기도 두렵기도 할 것이다. 뭐가 정답인지 헷갈리기도 할 것이다.

나도 한때 '이렇게 혼자 무언가를 위해 고군분투하는 시간이 맞는 건가'라는 의심을 품기도 했다.

'친구들, 선배들은 밤에 모여 논다고 하는데 나도 껴야 하는 건 아닌지…. 나만 외톨이가 되어가는 건 아닌지…. 이렇게 살다간 내 결혼식에 몇 명이나 참석할는지…. 집안에 무슨 큰일이라도 나면 올 사람이 있을 것인지….'이런 고민에 빠지곤 했다.

최근 한 여대생이 비슷한 이야기를 꺼냈다. 친구들이 모인 자릴 갔는데 각자 자기의 휴대전화를 부여잡고 무언가를 하는 분위기였단다. 그녀의 속내는 '왜 내가 여기 앉아 있는 건지. 시간이 아깝다.'고 한다.

휴대전화를 만지작거리던 어떤 친구가 고민 섞인 듯 말을 했단다.

"나중에 내 결혼식에 몇 명이나 올까? 너희는 꼭 와야 한다."

이 말을 듣자 이내 그녀도 순간적으로 미래의 그 날이 두려워졌다는 것이다. 그래서 지금 앉아 있는 무의미한 이런 만남, 시간들을 앞으로도 이어가야 하는 게 맞는지도 모른다고 생각했단다.

자기 결혼식이 언제가 될지는 모르겠지만 벌써 그런 걱정이 앞섰던 것이다. 풋풋한 여대생의 나이 23살, 그럼 앞으로 족히 10년 후에 결혼할 수도 있는 상황이다. 그런데 미리 언젠가 있을 하루를 위해 걱정하며 자신의 귀한 시간을 그렇게 허비하고 있었다.

"너희들은 꼭 와야 한다."라는 약속… 과연 시간이 지나 몇 명이나 기억하고 지키고 사는가… 훗날 자기 삶 챙기기에 여념이 없어 잊고 살지도 모른다.

그땐 몰랐다. 술 모임, 커피숍 모임 나가야만 하는 줄 알 때가 있다. 하지만 스스로 이런 만남에 대해 의구심을 갖는다면 과감하게 결단을 내려야 한다. 내 꿈을 이루기 위한 시간을 갖기를….

루스벨트 대통령이 임종 전 이런 말을 했다 한다.

"내일의 목적을 실현시키지 못하는 가장 큰 장애물은 바로 오늘의 두려움이다."

소아마비를 앓아서 주변에선 더 이상 정치를 못 할 것이라고 했던 루스벨트 대통령, 하지만 4선의 대통령을 역임했다. 그리고 역대 가장 존경받는 대통령으로 이름을 남겼다.

두려움이라는 장애물을 과감히 던져버렸기에 가능하지 않았을까….

우리가 지금 갖는 두려움 그것은 당신이 내일 하고자 하는 것을 막는 것이다. 인맥에 문제가 생길까 하는 두려움도 버리자.

꿋꿋하게 무언가를 위해 달리다 보면 자신과 비슷한 생각을 하는 이들이 더 많이 당신을 환호하며 기다려 줄 것이 분명하다. 비슷한 삶의 방향을 가진 이들은 자석처럼 끌리게 돼 있다. 지금은 끊질 못해서 느끼지 못하겠지만.

나는 주변의 모든 인맥을 유지하기엔 에너지가 충만하지 않다는 것을 점점 알게 됐다. 놀기도 하며 공부까지 잘하는 친구들도 있다. 난 이런 친구들처럼 명석하지도 않았다는 것을 안다.

공허할 시간일 것이라는 것을 느끼면서도, 내일을 걱정하며 모임에 나가고 있는 자신의 모습, 언센간 중독될 수노 있겠다는 무서운 생각마저 들었다.

실제 서른이 넘은 친한 여동생의 삶이 그러했었다. 공허한 시간에 중독되어 있었다. 이십 대 초반부터 지금껏 거의 십 년을 그렇게 시간을 보냈다고 한다.

나는 그녀가 시간을 유익하게 보낸 날이면 "잘했다." 칭찬해주었다.

하지만 그녀는 다음 날 흐트러진 모습으로 등장하며 이렇게 살면 안 되겠다는 푸념을 일삼았다. 다신 이렇게 살지 않겠노라 다짐도 수차례 했다.

그러나 매일 저녁 시간이 다가오면 그녀는 집으로 들어가지 않는다. 지인들의 부름에 몸이 기억해서인지 다시 살아나듯 그쪽을 향하고 있었다. 혹은 누가 부르지 않더라도 그냥 집으로 들어가는 게 허전해 또 약속을 잡는다.

오랜 시간 그녀의 반복된 일상을 지켜보면서 공허한 시간을 메우는 만남도 중독이구나 싶었다. 이 중독적인 만남을 삶에서 칼로 도려내듯 없애는 시간은 한 번에 이뤄지진 않았다. 나는 설득의 설득을 반복했다. 나도 지치고 포기할 법도 했지만, 그녀가 자신을 포기하지 말아 달라고 하니 나도 쉽게 놓을 순 없었다. 공허한 만남의 연속이 자신도 모르게 중독되어 있음을 느끼게 됐다고 한다. 일찍 도려냈으면 좋았을 테지만 그 시기를 놓쳐버리니 오랜 시간이 걸렸다.

만약 그런 삶으로 갈팡질팡 불안해한다면 지금 결단을 내려야 할 시기이다. 더 늦추지 않길 바란다. 짐을 정리하듯 내 삶의 시간도 정리할 필요가 있다. 눈에 보이는 짐들을 하나씩 정리하다 보면 버릴 것과 보관해야 할 것들이 점점 보인다.

간혹 갖고 있으면 '언젠가 입을 거야, 쓸 거야.' 하는 것들이 있다. 버리지도, 그렇다고 사용하지도 못하는 어정쩡한 것들이 있다. 그 어정쩡함도 정리하면 알게 된다. 내게 필요하지 않았다는 것을….

삶의 시간도 정리하다 보면 불필요한 공허한 시간들이 보이기 시작한다.

이제 공허한 메아리에 끌려다니지 말고 너무나 귀한 나의 인생에 확실한 답을 주길 바란다.

[6]

내려놓아야 할 때!!

강연장에서 반짝이는 눈빛으로 나를 바라봐주고, 이후 마음을 열고 다가와 준 원장님이 있었다. 같은 여자가 봐도 천생 여자, 소녀 감성을 지녔다고 느껴질 정도다. 그분은 나와 강연장에서 청중과 강사로 만났다. 어느 날 그녀는 내게 조심스럽게 문자를 보내왔다.

질문; 직원이 많다 보니 성향도 다 다르고 해서 힘들어요.

부정적이고 상처가 많은 직원들도 있어요. 어떻게 하면 밝은 분위기를 끌어낼 수 있을지 늘 생각합니다. 잘 안 될 때가 많고 오히려 제 마음이 아프더라고요. 이런 직원을 어떻게 대해야 할지 고민입니다. 마음이 무겁습니다.

나의 답변; 얼마나 힘드셨을지…. 원장님은 마음이 고우셔서 감당하기 더 힘드셨을 겁니다. 그리고 왠지 그 직원을 돕고 싶은 마음도 더불어 있었을 것 같습니다. 그럼에도 원장님이 원하는 대로 안 되기에 저에게 자문을 하셨을 거고요.

저는 여러 사람들을 만나면서 느끼는 게 있는데요.

처음엔 저의 생각과 깨달음을 강연을 통해 전해 들은 사람이 모두 변하길 바라는 마음 간절했답니다.

하지만 시간이 지나면서 이 마음을 내려놓으니 진정으로 변하고 싶어하는 분들과 조금은 더 편하게 소통하게 되더라고요.

제가 바라보는 방향성에 모두 맞출 순 없다는 것을 점점 알게 됐습니다. 제 욕심이었더라고요. 그러면서 그 욕심을 내려놓기 시작했죠. 한결 마음이 편안해지면서 나의 도움을 진정으로 원하는 또 다른 사람들이 보이더라고요. 아마 놓지 않았더라면 절대 보이지 않았을 것 같아요. 그래서 원장님 같은 분을 만나서 진동하게 되더라고요.

지금껏 혼자 많이 힘드셨을 겁니다.

일단은 잘 안 풀리는 것은 내려놓으시라고 권하고 싶어요.

원장님을 뵐 때면 저는 원장님의 밝은 에너지를 받습니다. 그들에게 그 좋은 에너지를 좀 더 주도록 노력해 보세요.

그리고 하나 더! 제가 그 직원을 잘 모르는데요. 원장님이 변화의 가능성이 있다고 판단이 서면 그땐 확실하게 도와주세요. 밝은 곳으로 자꾸 노출시켜 주는 거죠.

예를 들어 희망을 이야기하는 강연장, 좋은 책, 영상들을 접하게 해주시면 영향을 받을 겁니다. 군이 말로 다 전하지 않아도 원장님의 마음을 느낄 겁니다. 단번에 바뀔 거라는 생각은 하지 마시고요. 기대하는 만큼 더 큰 상처를 받을 수도 있습니다.

제일 중요한 것은 긍정을 주려다 자신이 지치면 안 됩니다. 지금 원장님은 마음이 많이 지쳐 있는 상탭니다.

과감히 놓아야 할 땐 놓는 게 서로를 위한 길일 수도 있습니다. 그게 더 힘들다면 원장님의 힘이 아닌 다른 방법이 있는 곳으로 간접적인 긍정 빛을 쐬게 해 주시면 어떨까요.

혼자 해결하려 한다면 더 지치게 됩니다. 질문 주셔서 감사합니다.

질문자 답변; 아나운서님의 친절한 답변 명심하겠습니다.

사람의 마음을 끌어내 주시고, 거기에 위안도, 용기도, 사랑도 함께 느끼게 됩니다. 감사합니다.

이별하는 순간 보다 그 이후에 더 복잡 미묘한 감정들이 밀려온다.

'내가 너에게 어떻게 했는데…. 난 이렇게까지 했는데…. 네가 어떻게 내게 이럴 수 있어.'

'아니 차라리 후련하다. 그래 잘 된 일인지 몰라. 현명한 결정이었어. 서로 맞지 않았어.'

등등의 복잡한 감정들로 괴롭다.

나를 힘들게 만드는 것은 지난 과거의 한 컷들이 자꾸 떠올라서다.

교통사고가 난 당황스러운 순간보다 그 이후에 벌어지는 상황들이 지난 사건을 더 혼란스럽게 만드는 것처럼.

장례식을 치르는 순간 보다 그 이후에 떠오르는 지난 시간들로 문득문득 슬픔이 몰려오는 것처럼.

늘 이렇게 우리를 아프게 하는 상황들은 그 순간보다 이후에 마주하는 과거의 시간들 때문에 더 힘이 들곤 한다. 바꿀 수 없는 지난 시간들을 놓지 못하고 부여잡고 있다. 그래서 했던 말 또 하고 또 하기를 반복하며 머릿속에서 과거 영상을 무한 재생하며 시간을 보낸다.

어찌 바로 잊혀지고 쿨하게 정리되겠는가. 당연히 거쳐야 할 인간의 감정인 것을….

그러나 오랜 시간 이런 감정으로 과거와 마주하지 않도록 해야 한다. 누구를 위해서? 지금을 살고 있는 당신을 위해서다! 과거에 있는 당신을 위해서 지금을 살고 있는 당신을 지속적으로 괴롭히고 있진 않은 지 돌아볼 일이다.

반면 다가올 미래의 시간을 위해 지금의 감정을 서슴없이 내어 주기도 한다. 지금 힘든 이유는 몇 년 후에 찾아올 행복을 기다리고 있으므로 힘들어도 괜찮다고 여긴다. 고등학생 때는 대학생이 되면 낭만과 추억이 나를 기다리고 있으니 괜찮다 하며 견뎌내고, 대학생이 되면 직장인이 될 때까지 험난한 취업 준비생임을 온몸으로 받아들이며 힘들게 버텨내고, 취업 후에는 결혼하면 좋아질 거라고, 결혼하면 아이가 생기면 좋아질 거고, 노년이 되면 자식들이 잘되면 행복해질 것이라고….

이렇게 우리는 지금 누릴 수 있는 것들을 다가올 행복의 순간들을 기다리며 미루고 살아간다. 계속 미래로 미루며 지금의 감정들을 몰아붙인다.

그렇게 고대하던 날이 오기는 할까?

지난 추석 명절에 친정엄마 설거지를 도우며 느꼈던 감정이다. 엄마는 좋은 것을 당신이 직접 쓰질 못하고 남에게 주거나, 먼 미래의 당신에게 주는 것이 습관이 되신 듯하다. 고장 난 반찬 통 뚜껑을 쓰고 있기에 "엄마 새것 없어?" 하고 물었다.

"싱크대 안에 많이 있는데…왜?"

"아니 이것 봐봐… 다 고장 난 반찬 통을 왜 쓰고 그래. 새것도 많은데…."

"좋은 것은 너희들 가져다 써라."

"아냐, 우리도 많아. 이것 지금 당장 버릴 테니깐 엄마는 좋은 것 꺼내 써! 제발…."

어릴 적에도 엄마는 그랬다. 좋은 것을 바로 꺼내 쓰지 못했다. 딸 넷 시집갈 때 주겠노라고 안 좋은 그릇들만 쓰고, 새것은 창고에 쟁여두었다. 냉장고에서 과일을 꺼내도 혼자 드실 땐 못난 과일 먼저 택한다. 혹여 손님이라도 오면 좋은 것 내주려고, 먹는 것도 미룬다. 그러다 막상 시간이 흘러 먹으려 보면 유통기한이 지나서 결국 아껴 둔 것을 버려야 할 때가 많다.

지금 당장 좋은 것을 쓰는 것에 익숙지 않은 것이다. 이와 비슷하게 우리는 행복을 누릴 수 있는 감정들도 자꾸 무언가를 기다리며 미루고 미룬다. 그러니 지금의 좋음을 만끽하지 못하고 희생시킨다.

그러고 보면 인생의 반은 과거에 지금을 내어주고, 나머지 반은 미래를 내어주느라 지금을 느끼지 못하는 것 같다.

　지금 좋은 것을 보고 느끼면 다가올 또 다른 지금은 얼마나 더 좋겠는가!

　난 오늘도 엄마에게 잔소리 아닌 잔소리를 한다.

　"이제 자식 다 키워놨으니 지금이라도 좋은 것 아끼지 말고, 이불도 좋은 것 덮고 주무시고, 옷도 좋은 것 꺼내서 입으시고, 싱싱한 과일 많이 드시고, 새 그릇 맘껏 꺼내 쓰세요."

　나는 순간순간 과거를 위해, 미래를 위해 지금을 잃고 있진 않은 지 심호흡을 하며 돌아보곤 한다.

나를 위한 하루 선물

서동식 지음 | 양장 | 376쪽 | 값 13,000원

소중한 자신에게 선물하는 행복한 하루!

나를 변화시키는 하루 한 마디 《하루 선물》, 이 책은 온전히 나 자신을 위한 지식과 교훈, 마음의 위로와 긍정적인 에너지를 줄 수 있는 글귀들로 구성되어 있다. 365 매일매일 가슴에 새겨넣을 글과 함께 나를 변화시키는 하루 확언을 수록하여 이전보다 더 긍정적인 마음과 목표의식을 가지고 살아갈 수 있게끔 용기를 주고 내면에 힘을 보태어준다.

내면의 소리에 맞추어 지혜롭게 인생의 길을 개척하고, 무의미한 걱정을 하느라 인생을 낭비하지 않고, 성실함으로 미래를 준비하여 기회를 잡고, 영감을 통해 모든 문제의 해결책을 찾고 새로운 기회를 만들어내는 등 다양한 지침을 수록하여 행복하게 살아갈 수 있도록 도와준다.

365 매일매일나를 위한 하루 선물

서동식 지음 | 양장 | 400쪽 | 값 13,000원 |

365 매일매일 당신을 위한 선물들을 찾아가세요.

인생이라는 기회는 단 한 번뿐입니다. 게으름과 두려움에 망설임에 망설이고 있는 지금 이 순간에도 우리의 옆으로 미소를 지으며 혹은 비웃으며 지나가고 있습니다.

우리는 얼마나 이 소중한 인생을 가볍게 보고 있었나요? 우리는 얼마나 미지근하게 인생을 마시고 있었나요?다시 우리의 인생을 뜨겁게 데워야 합니다. 게으름이 아닌 열정으로 두려움이 아닌 용기로 미지근한 인생을 뜨겁게 달구어야 합니다. 다시 뜨거워진 열정으로 새로운 희망을 생각해야 합니다.이 책은 우리가 놓치고 지나쳤던 우리가 기억하지 못하는 나를 위한 선물들을 찾아가라는 책입니다.

꿈꾸며 살아도 괜찮아

서동식 지음 | 양장 | 248쪽 | 값 14,000원

자신의 꿈을 놓치지 마세요.

세상은 우리에게 꿈꾸며 살라고 말한다. 하지만 정말 꿈을 가지고 살기 시작하면, 세상은 갑자기 다른 말을 한다. 꿈을 꾸며 살라던 세상은 우리에게 꿈이 이루어질 수 없는 이유만을 말한다. 너는 이래서 안 돼, 저래서 안 돼, 온통 안 되는, 포기해야 하는 이유뿐이다.

이제부터 당신은 자신의 꿈을 지켜내기 위한 전쟁을 해야한다. 당신의 꿈을 반대하는 모든 것들로부터 당신을 지켜내야한다. 당신을 사랑해주는 사람이라 할지라도 꿈을 향한 길을 방해한다면 적극적으로 방어해야 한다. 아무것도 하지 않으면 당신의 인생은 다른 사람들에 의해 이리저리 끌려 다니기만 할 것이다.

하루하루 인생의 마지막 날처럼 살아라

이대희 지음 | 함께북스 | 320쪽 | 값 14,500원

날마다 오늘이 당신의 맨 마지막 날이라고 생각하라.

날마다 오늘이 맨 처음 날이라고 생각하라.

《하루하루 인생의 마지막 날처럼 살아라》는 유대인의 탈무드를 한국인의 시각에서 정리한 책이다. 탈무드는 유대인의 책이지만, 모든 인간에게 해당되는 보편적인 진리의 내용을 담고 있다. 이미 잘 알려진 탈무드의 짧은 격언을 오늘의 삶에 적용하고 대안을 찾는 방식으로 정리했다. 이 책을 통하여 5천 년의 역사를 갖고 있는 한국인에게도 유대인의 탈무드 교육과 같은 놀라운 시도가 시작되길 기대한다.

나를 위한 저녁 기도

신영란 지음 | 양장 | 256쪽 | 값 13,000원

내일 일은 내일에 맡겨두고 우울한 생각을 꿈속까지 끌고 가지 마세요!
이미 놓쳐버린 일에 너무 마음 쓰지 마세요.
내일은 더 잘할 수 있잖아요.
《나를 위한 저녁기도》는 하룻동안 힘들었던 자신의 어깨와 심장을 어루만져주는 희망의 메시지를 전달한다. 예순이 넘어 12000킬로미터, 실크로드 도보횡단에 성공한 프랑스 언론인 베르나르 올리비에의 이야기는 많은 것을 시사해준다. 소중한 것들을 자각하지 못해 놓치고 마는 우리 앞에 도착한 예쁜 그림엽서 속에 명문장들이 수록되어 있다.

울고 싶어도 내 인생이니까

백정미 지음 | 344쪽 | 값 14,000원

울고 싶어도 내 인생이다. 포기하지 말고 걸어가라.
십여 년 가까이 최고의 감성작가로 누리꾼들의 사랑을 받은 백정미의 에세이집. 이 책은 저자의 치열한 사유에 의해 탄생한 귀중하고 의미 깊은 깨달음을 담았다. 울고 싶어도 슬퍼도 힘겨워도 자신만의 인생을 살아가야 하는 이 세상 모든 사람들에게 우리 곁에 머물면서 우리의 선택을 기다리고 있는, 인생을 가장 행복하게 살아낼 수 있는 비법들을 소개한다.
저자는 긍정적인 생각과 함께 늘 꿈을 간직하고 살고, 시간의 소중함과 사랑의 소중함을 알고, 이해하며 살아가는 것이 인생을 살아가는데 있어 가장 중요한 것들이라고 말한다. 이러한 지혜를 깨달아 인생의 주인공인 자기 자신이 스스로의 인생에 책임감을 지니고 살아간다면 죽음 앞에 이르러서도 후회라는 그늘을 남기지 않을 것이라 이야기하고 있다.

깊게, 넓게 은밀하게 생각하고 위대하게 성공하라

백정미 지음 | 양장 | 200쪽 | 값 13,000원

우리가 선택한 생각이 우리의 인생이다!
《은밀하게 생각하고 위대하게 성공하라》는 저자 백정미의 생각 코칭에 관한 책이다. 생각하는 대로, 바라는 대로 우리는 변해갈 것이다. 생각이 관여하지 않는 것은 없으며, 인간의 행동, 어투, 사상, 관계, 지식 그리고 작은 습관에 이르기까지 생각이 투영되지 않는 것은 없음을 강조한다. 결국 우리의 행복한 인생은 우리가 선택한 생각에 달렸음을 알려주며, 앞으로 일어날 일들에 대해 모든 일이 기쁘고 즐겁고 모험적이고 신이 날 것이라는 생각이 삶을 변화시킬 수 있음을 일깨운다.

영원히 살 것처럼 배우고 내일 죽을 것처럼 살아라

M. 토게이어 저 | 주덕명 옮김 | 양장 | 256쪽 | 값 12,000원

가장 아끼고 소중한 사람의 인생 앞에 놓아주고 싶은 책!
유대인이 오늘날까지 살아 남을 수 있었던 것은 어떤 상황에서도 결코 절망하지 않았기 때문이라고 한다. 폭풍우 뒤에 반드시 아름다운 무지개가 나타나듯이 이 책에는 무엇이든지 배우며 그 배움을 자신들의 삶에 접목시켜 자신들의 삶의 지혜로 삼으며, 후손들에게 교육시켜 수 천년 동안의 박해와 고난의 세월을 이겨 자신의 나라를 찾을 수 있었던 유대인의 자세와 지혜를 들려준다.

CEO의 편지

양은우 지음 | 296쪽 | 값 14,000원

경영자의 입장에서 사원들에게 해주고 싶은 이야기!
한 회사의 CEO가 새로 입사한 사원들에게 4주간에 걸쳐 한가지씩 조언을 담은 편지를 보낸다는 형식으로 구성되어 있다. 4주간에 걸쳐 하루에 한 꼭지씩 성공적인 직장생활에 필요하다고 여겨지는 내용들을 이메일의 형식을 빌려 전달한다. 더불어 신입사원이 할 수 있는 실수 등 작은 에피소드들도 담았다.

40대, 다시 한 번 공부에 미쳐라

김병완 지음 | 284쪽 | 값 14,000원

이룰 수 있는 목표가 남아있는 젊은 나이 40대, 진짜 공부를 시작하자!
삼성전자에서 10년 이상 연구원으로 직장생활을 해온 저자 김병완이 자신의 경험을 바탕으로, 꿈을 포기해야 하는 가로 고민하는 40대들을 위해 세상의 빠른 변화와 흐름을 따라잡는 방법으로 '참된 공부'를 키워드로 제시하였다. 저자는 40대야말로 공부하는 사람이 갖추어야 할 조건을 제대로 갖춘 시기라고 말하며, 진짜 인생을 살기 위해 진짜 공부를 시작하라고 조언한다. 공부로 인생을 역전시킨 인물들의 이야기와 다양한 사례를 통해 공부로 인생의 참된 주인이 되는 법을 알려주고, 공부함으로써 인생에 끼치는 다양한 효과들을 소개한다.

실행만이 살 길이다

김이율 지음 | 양장 | 278쪽 | 13,000원

망설이다가 후회와 자책만 남기기보다는 과감히 결단하고
자신의 선택에 확신하고 행동하라!
지나친 망설임은 새로운 일을 시작하는 데 방해가 된다. 망설이다가 후회와 자책만 남기기보다는 과감히 결단하고 자신의 선택에 확신하고 행동하는 것이 좋다. 설령 실패한다 해도 망설이다가 아무것도 하지 않는 것보다는 훨씬 가치 있다. 이 책은 결단과 실행이 바로 인생을 바꿀 것이라 조언한다. 지나친 망설임은 새로운 일을 시작하는 데 방해가 된다. 망설이다가 후회와 자책만 남기기보다는 과감히 결단하고 자신의 선택에 확신하고 행동하는 것이 좋다. 행운과 성공은 망설임을 거부하는 용기 있는 자에게 찾아온다. 설령 실패한다 해도 망설이다가 아무것도 하지 않는 것보다는 훨씬 가치 있다. 결단과 실행이 바로 당신의 인생을 바꿀 것이다.

20대 변화해야 할 사고방식 50가지

김시현 지음 | 260쪽 | 12,000원

개미지옥에서 탈출하기 위해 20대가 탑재해야 할 생각 혁명!
20대는 온몸에 '뜨거운 생각'이 흐르게 해야 한다. 생각은 모든 것을 바꿀 수 있는 엄청난 파괴력을 지닌 도구다. 제대로 생각하는 법만 배울 수 있다면 그대가 원하는 대로 살 수 있게 될 것이다. 하지만 정작 생각의 중요성은 외면한 채 스펙에 매달리고 취업 전쟁에 시달리느라 기성세대에게서 주입된 잘못된 생각이 바뀌어야 할 것이라는 것도 모른 채 험겨운 개미지옥의 일상을 살아가고 있다.
미래의 주인공은 20대다. 아무리 세상이 미치고 날뛰어도 나이가 많은 사람들은 일찍 세상을 뜨게 되어 있다. 지금까지 기성세대가 그대들에게 주입한 패배자의 생각은 과감하게 휴지통에 폐기 처분하라. 기성세대가 만든 암울한 세상을 반복하고 싶지 않다면 20대, 그대들이여! 항상 깨어 있어라. 생각의 방향을 바꿔라!

자전거 메인터넌스: 자전거의 모든 것을 알 수 있는

누카야 그룹 감수 | 유가영 옮김 | 236쪽 | 값 15,000원

1,250점의 컬러 사진을 통해 알아보는 자전거의 모든 것!
이 책에는 자전거에 대한 최신 정보를 1,250점의 컬러 사진을 통해 순서적으로 설명하고 있어 초보자라도 이해하기 쉽다. 그리고 자전거의 정비의 기초와 관리에 대해 전문자용 공구가 아닌 휴대용 공구 수준에서 가능한 작업 위주로 많은 사진과 글로 이해하기 쉽게 만들었다. 따라서 어느 자전거를 타고 있든 라이더에게 유용한 정보를 제공하고 부품 업그레이에도 도움이 된다. 평소에서도 자전거를 쉽게 관리하는 방법과 알아두면 좋은 자전거에 관한 기본 상식과 함께 정리하였다.

자전거 타는 사람들

에이미 워커 지음 | 주덕명 옮김 | 288쪽 | 값 14,000원

자전거 라이딩, 그들이말하는 그 매혹적인 중독!
맛있는 것은 같이 먹고 싶고, 멋진 경치는 함께 보고 싶은 것처럼 좋은 것은 항상 누군가와 나누고 싶어지는 법이다. 자전거 타기는 쉽게 다른 사람과 함께할 수 있는 활동이다. 둘이서 적당한 속도로 나란히 달리며 대화를 나누는 것도, 친구들과 무리지어 질주하는 것도 즐겁다. 두 바퀴로 균형을 잡다 보면 신체 리듬이 깨어나며, 뇌파와 창의력도 활성화된다. 아인슈타인이 자전거를 타면서 상대성 이론을 생각해 냈다고 말한 것을 보면, 자전거는 우주의 법칙을 이해하는 데 도움이 되는지도 모른다. 자전거에 관한 에세이 모음이 상대성 이론만큼 세상에 큰 영향을 미치지는 못할 것이다. 하지만 자전거를 타는 사람이라면 초보자는 물론이고 전문가들도 이 책에서 영감을 얻을 수 있을 것으로 생각한다.

나는 대한민국 국가공무원이다

나상미 지음 | 256쪽 | 값 14,000원

너도 한번 도전해봐!
경찰 채용 홍보원정대 구성원으로 활동중은 서사가 경찰을 꿈꾸는 사람들에게 도움이 되는 글을 담은 책이다. 경찰이 되려는 청춘들과 어떤 직업을 선택해야할지 모르는 이들에게 저자가 겪었던 일을 바탕으로 희망의 메시지를 전한다.

따르는 리더십: 빈자리를 채워주면서 마음을 이끄는 사람

정은일 지음 | 276쪽 | 값 14,500원

이 시대를 살아가는 젊은이라면 누구나 한 번쯤은 읽어보아야 할 필독서!
리더가 도약하는데 필요한 깨달음의 3원칙을 흥미로운 기법으로 소개한 책이다. 적극적이고 성실하지만 대인관계의 어려움을 느끼는 김 팀장과 친화력이 좋지만 실적 앞에서는 고개를 들지 못하는 이 팀장의 작전타임을 통해 다양한 리더십 스타일을 배우게 된다. 리더십의 품격이 높아지는 과정, 가족관계나 직장에서의 관계들이 원활하게 소통되는 과정을 풀어냈다.

성공하는 30대가 되기 위해 절대로 물들지 말아야 할 70가지 습관

센다 타쿠야 지음 | 유가영 옮김 | 양장 | 172쪽 | 값 12,000원

회사에서는 가르쳐주지 않는 사회인의 마음가짐!

회사에서는 잘 가르쳐 주지 않는, 하지만 모르고 있으면 손해인 사회인의 마음가짐에 대해 이야기하고 있다. 회사에서 성장하는 사람과 그렇지 못한 사람의 차이는 지능지수도 운도 아니다. 그렇다고 열심히 노력만 한다고 해서 누구나 성공하는 것도 아니다. 바로 24시간, 365일 무심코 하고 있는 사소한 습관이 결정타가 되는 것이다. 사회인으로서의 습관은 처음 사회인이 되었을 때부터 어엿한 한 사람 몫을 하기 시작하는 입사 5년차 때까지 형성된다. 이 책은 70가지 악습을 구체적으로 소개하며, 이러한 습관에 물들지 말고 책임감을 갖고 꿋꿋이, 주어진 일에 최선을 다해야 함을 강조하고 있다.

신뢰가 실력이다

존 더글라스 지음 | 최유리 옮김 | 356쪽 | 값 15,000원

인간관계의 성패를 결정하는 신뢰를 얻는 비결!

인간관계 분야 최고의 강좌라고 찬사를 얻고 있는 카네기 강좌 코스 중 '사람의 신뢰를 얻기 위한 강좌'를 수강하는 사람들의 생생한 사례와 경험을 수록하였다. 신뢰를 얻기 위한 여행을 떠나고 있는 이 책은 사람들 마음속에 심어야 할 꽃씨는 무엇이며 어떻게 준비해야 하는지 어떻게 심어야 하는지 등을 알려준다.

내 인생의 스케치

백정미 지음 | 344쪽 | 값 13,000원

사색으로 나를 다듬어 보다

멋진 그림이 탄생하기 위해서는 기초 작업이 필수적이다. 스케치에 따라 조화롭게 색을 입히는 정성스런 작업이 이루어진 후에야 명화가 탄생하는 것이다. 사람의 인생 역시 스케치와 같은 작업이 필수적이다. 그렇다면 단 한 번 주어진 삶을 후회하지 않고 잘 산 삶을 살기 위해서는 무엇이 필요할까. 나는 그림의 완성을 위한 기초 작업인 스케치와 같은 행위를 끊임없는 생각, 사색에서 찾아보았다. 나는 누구인가, 인생이란 무엇인가. 내 존재의 이유에 대하여, 삶에 대하여, 인간에 대하여, 내게 남은 시간에 대하여 생각한다. 사색으로 인간은 아름다워질 수 있다.

위대한 개츠비

F. 스콧 피츠제럴드 지음 | 이은영 옮김 | 452쪽 | 값 10,000원

20세기 가장 위대한 걸작 중 하나, 재즈 시대 소설의 정수!

《위대한 개츠비》는 소설 제목에 붙은 수식어 '위대한'으로 인해 뭔가를 잔뜩 기대하게 만드는 강렬함이 있다. 실제로 소설의 이야기를 이끌어가는 이야기꾼 캐러웨이의 냉철하면서도 객관적인 시선 속에 묘사되는 캐릭터들의 모순과 간극에 강렬함이 스며 있다. 특히 주목할 것은 근본을 알 수 없는 청년 개츠비와 이야기꾼 엘리트 캐러웨이의 공통적 분모에 있다. 둘은 똑같이 제1차 세계대전에 참전했던 이력으로 몸과 마음에 상처를 입은 '잃어버린 세대Lost Generation'들이다. 말하자면 전쟁 체험으로 종교나 도덕은 물론 인간적인 정신마저 무너져 희망을 잃은 세대다. 그런 그들이, 그럼에도 불구하고 청춘이란 현실이 얼마나 질기고 강인한 것인지를 그들의 방식대로 갈등하고 부딪치는 이야기라는 점에 주목할 필요가 있다.